Yannick Tamo Fogué

Le Ça surmoïque d'un Moi inhibé

Yannick Tamo Fogué

Le Ça surmoïque d'un Moi inhibé

Réminiscence des succès atypiques

Éditions Muse

Imprint

Cover image: www.ingimage.com

Publisher:
Éditions Muse
is a trademark of
International Book Market Service Ltd., member of OmniScriptum Publishing Group
17 Meldrum Street, Beau Bassin 71504, Mauritius
Printed at: see last page
ISBN: 978-620-2-29911-4

Le Ça surmoïque d'un Moi inhibé :
Réminiscence des succès atypiques

TAMO FOGUE Yannick

Préface

La lecture d'un livre a toujours été une occasion de vivre une autre vie, au delà des feuilles. Ceux qui lisent encore aujourd'hui connaissent ce moment privilégié de l'existence humaine. Sans doute allez-vous dire : qu'est ce qu'un auteur peut dire aujourd'hui que les autres n'ont pas encore dit. Ce livre que vous avez sous les yeux n'est pas de ceux-là. C'est l'épanchement, la naïveté, la candeur mais aussi la verve critique d'un cœur qui, pour pleurer, ne s'est pas empêché de tracer avec ses divines larmes d'or la tragédie de l'existence humaine dans toutes ses formes. C'est d'abord les réminiscences d'un jeune qui a souffert de l'absence des êtres chers (sa mère et ses frères), mais qui n'a pas oublié cette enfance qui forme l'homme d'aujourd'hui. Si Sartre a commencé sa vie dans les mots comme il le dit lui-même, notre auteur a commencé la sienne sous la douceur des jupons maternelle et *les petits fantômes blancs*[1] de son père. Ensuite, c'est un regard tragique sur le continent africain qui ne cesse de faire un pas en avant et deux pas en arrière, avec son cortège de misères, de corruption, de guerres, de lâcheté et j'en passe.

Je n'ai pas pu m'empêcher de verser une larme, une seule petite larme en face d'un jeune auteur qui, pour *exister*, ne s'est pas empêché de se jeter dans la littérature en ces moments où le numérique envoie le livre aux calendes grecques. Avec son langage simple qui parfois révolte le lecteur, il faut aller au delà de ces simples mots pour voir, comme le disait Mallarmé, des fantômes de mots ou Baudelaire, au delà de la pierre un rêve de pierre. Alors, bonne lecture à tous.

Albert JIATSA, Ph.D.
Université de Maroua-Cameroun

---

[1] Expression de Richard Wright

À

Pr KETCHA WANDA Germain Jean Magloire,

In memoriam

PARDON AMERE

Moi, âme unique
Moi, âme inique
Moi, bon vaurien
Moi, bon à rien
Moi indigent
Moi exigeant
Moi paresseux
Moi pare osseux
Moi âme pillard
Moi en pire art
Pardonne-moi
Parle donc moi
Âme des mois !

Âme altérée
Âme enterrée
Pardonne les amorces
De ma bouche torse
De mes yeux clignant
Dans mon sort faignant
Pardonne les duperies
De mon cœur en fourberie
De mes pieds calcinant
Sous mon corps entrainant
Les bras nonchalants
Des banons chalands

Pardon du mois
Par don du moi
Le moi et tous le Cie
Comme le messie
Et sa croix mal dictée
Pour le mal médité
Des querelles suscitées
Par des maux sus cités
La ruine apportée
Du moi sans portée

Pardonne !
Pardonne !
Mes yeux hautains
Mais eux aux teins
Ma langue menteuse
Mes mains honteuses
Mon âme douteuse
Ma foi trompeuse
Répandant le sang
Du moi innocent

Pardonne !
Pardonne !
Mon cœur méditant
Des projets coupables
L'esprit de tout temps
Des maux incapables
Mes pieds empressés
Courant vers le mal
Mon âme détressé
Dans l'instinct animal
Proférant des mensonges
En sublime des songes
Et de faux témoignages
En diable patri âge
Semant des querelles
En bonnes passerelles
Des toits sans raison
A toutes les saisons
Entre frères et sœurs
Sans foi sans cœur

Sans être regardé,
Je n'ai jamais gardé
Ni préceptes paternels
Ni teaching maternel
Sauveur de tout temps
Pardon de temps en temps
Fixe-les dans mon cœur

Les mœurs sans rancœur
Noue-les à mon cou
Les vertus à tout coût
Dans mes démarches
Guide-moi
Dans mon repos
Garde-moi
A mon réveil

Lampe et lumière
Exhortation des prières
Sauveur de tous vœux
Préserve mes aveux
De toute âme mauvaise
De tout coup en braise
Et du mépris en biaise
Des langues douloureuses
J'en veux plus pieuses
Pour une vie précieuse
Des convoitises étrangères
Sans roublardise légère
Des prises aux œillades
Et experts en moucharde
Des quignons de pain amer
Et ognons piquant en mer
Sans porter du feu dans mon sein
Sans couler du sang sur des saints
Sans mâcher des os du dedans
Et sur des charbons ardents
Sans me brûler le destin
Comme le triste festin
Sur des âmes disparues
Et le messie réapparu
Sans m'enflammer le cœur
En incendie de liqueur
Je dirais comme une déesse
A la triste infinie sagesse
« Tu es ma sœur »
« Et toute ma sueur »

MIND IN MEMORUIM

Cerveau Enregistrer
Mémoire Conserver
Intellect Rappeler
Nos sens frappés de temps en temps
Par des notions de tout le temps
Sollicitant notre entendement
Comme un intime firmament
Répondant toujours présent
Comme le roi bienfaisant
En moment opportun
Des ruses baratins

Total acquis
Intégral conquis
Modeste lucratif
Des secrétaires actifs
Siège de réminiscence
Moyen de connaissance
Stratèges et victorieuses
De méninges laborieuses
Où circulent en musique
Nos contenus mnésiques
Base de valeurs personnelles
En jalon d'ardeur fonctionnelle

Control de connexions et anti déperdition
Mentor d'éruditions et maître d'attention
Personnels gymnastiques
Pléthore d'adaptabilités
Diagnostique pratique
Moteur des stabilités
Invisible magnétique
Vaste et rentabilité
D'égo analytique

Optimum d'émotion et d'action
Bouclier des concentrations

En précision et concision
Du savoir sans vacuités
Des intimes décisions
Réactrice des acuités
De l'ICE promiscuité
Sobre promptitude
Digne multiplicités
Drôle d'exactitude
Et anti perplexités
En digne rectitude
De mares tensions
De ma rétention
Mode synapse
Fidèle tenace
Des là propos
In nos peau

Océan inonde
Du ça immonde
Conseil de minuit
Des actifs réactifs
Vivant sans ennuie
Juge attractif
Des âmes épanouies
Tiroir d'exigence
Des rappels d'urgence
Mentor du sang froid
Souvenir de l'effroi
Pensées localisées
Des relais vocalisés
Des appétits démesurés
Des valeurs proscrites
Et âmes hypocrites
Des monstres lâches
Des esprits têtus

A TOUS ET POUR TOUT

Reconnaissance cathartique du Ça

Du sourire aux larmes
Des épreuves aux flammes
Des batailles aux blâmes
Ils aspirent aux réclames
Et inspirent du pis drame
Ils vivent sans apprendre
Et réussissent sans attendre
Ils montent sans descendre
Et courent sans même prendre
Un temps pour naître au monde
Un temps pour vivre la ronde
Un temps pour mourir sans onde
La maison comme la famille
A table comme des chenilles
Tous assis sur des béquilles
Ou débout sur les chevilles
Hâte de marcher ou courir
Sauter librement et sourire
Se battre et se nourrir
S'aider et se secourir
La vie est une chirurgie
Qui emportant des magies
Comme le père et la mère
Comme le fils dans la mer
Et les couples sur la terre
Même le peuple chez le maire.

La vie c'est toi et aussi lui
Vous, frères, sœurs et autrui
Vous, parents et grands parents
Les proches les plus apparents
Par vous je deviens opérant
Vous qui êtes des courants
Le soutien et le bonheur
Une grâce sans malheur

Le merci et l'honneur
Je vous ai imité en labeur
Vous m'avez suivi en rigueur
Vous qui portez et cachez des trésors
Des trésors spirituels de mon sort
Mes trésors des vies en or
Vous tous des vrais sponsors
Vivant comme des dinosaures
La voix extraordinaire de l'amour
L'amour des familles sans humour
L'amour des parents qui labourent
L'amour de dire et d'écrire
L'amour de voir et décrire
L'amour de mes débuts latents
L'amour d'écrire à plein temps
L'amour de perfection et de vérité
L'amour de justice et de liberté
L'amour de vie et de dignité
L'amour de servir l'écriture
Et de fasciner la lecture
Même connaissant des ruptures
Il faut l'aimer sans cassure
Sans jamais étouffer des blessures
Ne jamais quitter en bouture
Le retour aux pays des tortures
Vivre dans l`amour et la mesure
L'amour d'accepter avec gratitude
L'amour de donner en toute plénitude
L'amour de prospérer sans complétude
Et d'une congrégation sans inquiétude
Par vous qui m'avez encouragé
Vous qui m'avez réconforté
Par vous qui m'avez motivez
L'enseignement est mon festin
La pratique du bien est mon destin
Vous qui avez reçu avec bon esprit
Vous qui buvez sans moindre mépris
Des épreuves et mes inspirations
Des témoignages et mes compassions

Merci à vous, merci infiniment
Merci pour vos firmaments
Atteignez les régions les plus isolées
Marchez car je suis désolé
Pour le réveil et le témoignage
Pour la censure et le partage
Pour distribuer sans raclage
Cette sagesse sans blocage
Pour la perfection et le décollage
De la coopération et du progrès
Des efforts et peines sans regret

Réunir et unir sans marqueur
L'hardiesse et l'amour du cœur
La révélation sans crainte ni peur
Je vous aime, frères et sœurs
Sans vous, on n'est nulle part
Ensemble c'est un grand départ
On va à pied et on combat
Ensemble on reçoit des crachats
Et on pleure comme des chats
Ensemble on vit à part
Où elle vient et repart
La misère qu'on abat
La torture qu'on combat
Car tous on est sympas
En riant sans aucun débat

Merci et merci encore
Pour tous ces records
Surtout sans décore
Merci pour vos accords
Sans contrainte par corps
Je resterai toujours pour vous
Je reviendrais toujours vers vous
Car la vérité atteint mes raisons
Et le parfum rapproche l'horizon.

I- REMINISCENCES

A FEUE MA MERE

Mère de mes origines
Mère des frères et sœurs
Pour le Grand Amour
Que tu m'as donné
Pour tout le soutien
Que tu m'as apporté
Pour toute l'attention
Que tu m'as prêtée
Tes gros efforts
Dûment consentis
Toutes tes batailles
Pour le bien et la vie
La perfection et la justice

Tous ces enfants et moi-même
À qui tu as donné sans réserve
La fierté de ta jeunesse
Pour qui t'as choisi
De verser jusqu'à la mort
Dans une coupe en graal
Et aussi goute par goute
Les larmes de leurs cris
Les salives de leurs prières
Eux qui coulent jour et nuit
La sueur et du sang
Sans parole et sans silence.

Mère fidèle, mère modèle
Pour ta vie sans chandelles
Qui conduit comme gazelle
Un combat sans séquelles
Et ton amour tout charnel
Ta constante disponibilité
Dans ta sueur de fidélité
Ton exemple toujours bienfait
Tes sacrifices durement consentis
Tes sagesses et multiples conseils

Pour ta constante chaleur
Et ton cœur de patience
De protection et de surveillance
Que ton âme et ton esprit
Trouvent surtout sans prix
Dans cette œuvre de vie
L'incarnation de ta personne
Les prémisses et récompenses
De tes efforts inlassables
Que m'ont toujours apportés
Ton amour et ta chaleur.

MERE DE TOUTES ÂMES

Mère du ciel et de la terre
Du soleil et des collines
Des forêts et des savanes
Des torrents et des mers
De la pluie et de la rosée
Je te dédie ce travail
Comme résultat et hommage
De toute bataille et tout labeur
De ta grossesse au désert
Tes mamelles comme refuge
Tes dix doigts aux labours
Qui à grand jamais
Ne seront peine perdue

Mère de mon âme
De l'esprit et de l'eau
Que par ta flamme vivante
Et ta boussole illuminant
Le puissant nous accorde
Sa divine miséricorde
Sa grâce et sa bénédiction
Pour la cheminée et le succès
De ces années de dur labeur
Et qu'en tout temps et lieu
Par ta voix maternelle
Ce chef d'œuvre
Touche tous les cœurs
Du ciel et de la terre
Même les plus insensibles
Même les plus éloignés
Des planètes et de l'univers.

FRATERNITE ABSOLUE

Nous sommes des frères et sœurs

Notre famille est le monde
Notre village est en la terre
Notre maison c'est la ronde
Dans cinq chambres, sur toute la terre
En Afrique comme l'Asie
En Europe comme en Amérique
Partout sur terre, comme l'Australie
Nous sommes des frères et des sœurs
Vie de sans, vie des marqueurs
Vie de langues, vie de couleurs
Monde noir, monde blanc
Monde jaune, monde rouge
Monde sur terre, monde sans couleur
Terre des frères, terre des sœurs
Terre chrétienne, terre juive
Terre musulmane, terre indoue
Terre bouddhiste, terre animiste
Votre terre, notre terre
Nous sommes des frères et des sœurs.

Unissez-vous ! Unissons-nous !
Vivez la paix, vivons l'amour
Sans rancœurs, sans terreur
Sans débauche, sans division
La richesse, la pauvreté
Cela est sans valeur
Nous sommes frères et sœurs

Vous ne voulez pas de nous
Vous ne voulez pas nous sentir
L'histoire nous domine et nous éloigne
L'histoire nous sépare et nous diffère
Les langues et les comportements
Les cultures et les convictions
Ce que vous pensez, ce que nous pensons

Nous avons les mêmes débuts
Nous avons les mêmes fins
C'est l'humanité, c'est la fraternité
Nous sommes des frères et des sœurs
Malgré la foudre, malgré la tempête
Malgré le tord, malgré les blessures
Que nous vous causons
Que vous nous causez
Vous avez pris ce qui est à nous
Nous avons pris ce qui est à vous
Nous avons médit de vous
Vous avez médit de nous
Ce que vous n'aimez pas du tout
Ce que nous n'aimons pas tout
Nous l'avons fait et vous aussi
Consciemment ou inconsciemment
Nous sommes et demeurons frères et sœurs

Ça ne sert à rien mes frères
Aucune utilité mes sœurs
Les querelles, les batailles
Les guerres et les tueries
Inutile de couleur des larmes
Inutile de verser du sang
Aucune solution par les charres
Aucune solution par les canons
Inutile de lutter et s'entre tuer
Pardonnons-nous, regardons-nous
Je vous en pris mes frères
Je vous surplis mes sœurs
Notre paix, c'est un seul mot
Notre amour, c'est le pardon
Pardonnez-vous, pardonnons-nous
Oubliant les instants de guerres
Les violences et les horreurs
Dans les vertus et les croyances
Dans une ronde comme le monde
Avec un seul soupire
D'un grand souffle d'amour

Emportant des peines et des misères
Qu'on se dise les uns aux autres
Même à ceux qui ne sont plus
Ô frères ! Ô sœurs !
Soyez bénis ! Soyez bénies !
Car par DIEU, nous nous sommes retrouvés

ALERTE !

Pour un avenir infini

Toi qui lis et écoute
Matin, midi et soir
Mes rêves de la croute
Et songes sur la route
Un monde plein de couloirs
Un regard droit sans espoir
J'écris contre les cœurs noirs
Et des blessures sans séchoir
Avec la plume du terroir
Dans des larmes sans mouchoir
Avec du sang sur la croix
Et la crème aux mâchoires
Toute une âme qui veut croire
Aux batailles sans victoire
Des journées de trottoirs
D'un regard plongé perdu
Dans un amour très ardu
Et des souvenirs dépourvus
Que tu contemples à l'œil nu

Comme un rêve sans recrût
Plein d'espoir très déçu
D'un corps qui brûle et se bat
Pour un futur qui part
Vers un avenir très sympa
Dans de sombres primipares
Et la nuit des grands pas
En chant de néant départ
Et très haut comme remparts
Pour des êtres à part
Et des esprits qui séparent
Des hommes de toute part
Hurlant de toute voix cuite
Les sublimes sans suite
Et les merveilles réduites

D’un regard proche et détruit
Vers un horizon qui rougit
Dans un univers infini discrédit
Des épreuves et le témoignage
Des regrets et les dépannages
Des espérances en engrenages

Toute grâce et toute gloire
Tout lumineux dans du noir
D’un monde aussi dérisoire
Qui désire comme victoire
Vos gamins du trottoir

Et pour des êtres avertis
Ce monde bouge tout petit
Sans attendre rien ni personne
Surtout quand la cloche sonne
Même vous qui changez l’univers
Comme un rêve d’enfant pervers

J’écris sur le cœur et l’âme
Avec la plume en lame
Dans l’esprit qui dé gamme
Et la conscience en larme
Pour un univers sans flamme
Et une planète sans drame
Pour un monde qui réclame
Des adultes qui s’exclament
Pour l’amour qui se proclame
Où on ne rit plus
Quand ont nous chatouille
Où on ne crie plus
Quand la piqure nous souille
Où on ne meurt plus
Quand on nous empoisonne
Mais où tout change de zone
Et le monde nous transforme
Et l’avenir vibre dans tous les bruits des hommes

UN DEPART PERPETUEL

Tout est vanité
Le combat continue
Ton départ approche

Je porte ma voix et mon souffle
Je réveille, l'émotion et l'amertume
Pour mes sœurs et mes frères
Pour mes pères et mes mères
Pour tous ces proches que j'ai vus partir
Pour tous ces enfants que j'ai vus mourir
Nous laissant les cœurs vides et la vie triste
Nous emportant l'amour et l'amitié
Je pleure pour mes blessures
Je cris pour ma plaie qui saigne
Dans mon cœur et mon âme
Ensemble, on a livré des vrais combats
Main dans la main, on a bâtit et construit
La foudre et la tempête de la mort
Nous ont trouvé sur le chemin
Sans pitié, elles vous ont emporté
Nous laissant seuls, tristes et abattus
Vous amenant très loin de nous
Loin de vos proches en détresse
Vous amenant loin de vos parents
Loin de vos enfants sans soutien
Laissant tous orphelins et veufs
Et arrachant toute chaleur
Toute tendresse et consolation
La puissance de la douleur nous a fait grandir
Rien ne pourra jamais remplacer un être parti
Toutes ces tristesses nous font souffrir
Nos cœurs restent creux et affaiblis
La vie, quand on la quitte, on ne revient plus
Parmi vous, il y'avait plein d'espoirs

Le futur semblait en "or" et en "arc-en -ciel"
Mais tout devient dérisoire, et désespoir

Quand un à un, nous laissons place à des cendres
Quand chacun nous quitte
Sans nous dire quand revenir
Quand vous êtes partis, sans vous soucier
Sans même vous demander
Ce que deviendra le monde sans vous
On a versé des larmes et du sang
Voyant des frères et des sœurs mourir
Voyant nos pères, nos mères partir
Nous laissant dans de fortes émotions
Dans des pleurs et des larmes
Sans pitié, sans faveur
La mort, ennemie de tous
C'est le sort de chacun
Rien ni personne ne l'aime
Elle nous sépare pour toujours
Les frères et des sœurs
Les parents et les enfants
Tellement de tristesse
Tellement de choses
Il est dur de croire à la vie
Il est dur de vivre l'émotion
On n'a jamais su la partager
On n'a jamais pu l'échanger
La douleur nous fait de plus en plus grandir
La bataille continue et le combat avance
C'est la plus grande formule
On attend notre tour et notre heure
Nous espérons qu`où vous êtes
Il y'a trop d'étoiles
Il y'a trop de lumières
Il y a une éternité
Jamais vous ne reviendrez à nous
Mais là aussi, préparez le chemin
Préparez nous aussi les lieux
Car tôt ou tard, nous aussi
Nous viendrons vers vous
Tôt ou tard, nous y serons les bienvenus
Quand nous deviendrons aussi des malheurs

Et que l'ennemie de la vie nous emportera
Car c'est un avenir certain
Et une imminence éventuelle

HORIZONS
Avenir !
Horizon sombre et obscur

Le monde vit comme le peuple en politique
Moins il comprend, plus il marche sans critique
Chacun court vers un horizon hypothétique
Lui qui est un espoir automatique
La fleur et le miel en boutique
On cherche une lumière sympathique
Et aussi des étoiles authentiques
En poursuite d'orbite dynamique
A l'extrême d'un univers septique

Horizon de vie, rêverie de nuit
Nous te contemplons matin et soir
Passant des nuits de réservoir
Même des jours sans espoir
Près de tes mangeoires
Regardant tes droits couloirs
Les yeux tous pleins d'espoir
Dans nos rêves en miroir
Et imaginations illusoires
Entendant tous les soirs
Les voix des mémoires
D'une passion dérisoire
Plongeant nos devoirs
Dans un infini d'ivoire
Et pourchassant en butoir
Toute rancœur sans mâchoire
Et la vie noire aux séchoirs

Horizon de vie, rêverie de nuit
A ta vue pâle, on expire
Sourds et muets, tout s'empire
Nos yeux fermés, on soupire
Et l'espoir ne côtoie que du pire
Rien de sûr, ne nous attire
Sauf l'éclair qui respire

Comme la nuée des navires
En sirène d'avenir
Pour que tous admirent
La vanité qui inspire
Un futur auquel aspire
Nos efforts et plaisirs
Où l'échec fait transir
Le corps en brûle martyr
En duel contre le pire
En expriment des désirs
Qui emportent nos plaisirs
Vers l'horizon qui se tire
Une orbite qui fait partir
L'âme de vie et d'avenir
A prescrire et à bâtir
Dans un univers prêt à partir
.
Horizon de vie, rêverie de nuit
Le berceau qui humanise
La planète qui personnalise
Les bruits qui se réalisent
Dans un espoir qui stabilise
Un univers que détruisent
Des voix qui se déguisent
Et le font à mainte reprise

Seule la voix d'été
D'effort et de solidarité
De courage et de dignité
D'estime et d'intégrité
De détermination et d'humilité

Nous font combattre en bonté
Et cheminer en toute piété
Dans la voie de la gaité
Une voie d'endurance
Une voie de patience
Une voie d'émergence
De pitié et d'assistance

De gratitude et d'assurance
De compassion et d'insistance
Une voie de persistance
Une voie de reconnaissance.

Horizon de vie, rêverie de nuit
Nous te cherchons en insécurité
Dans le souci et la sincérité
Pour des merveilles sans ennui
Où on vit sans maturité
Et tu restes antidestin
Sans joie, sans festin
Et contre nature attristée
Au sommet des avenirs sans sécurité
Où il faut traverser l'obscurité de la nuit
Pour voir et vivre la luminosité
Du ciel qui se réjouit
Pour vivre une perfection sérieuse
Et réaliser un succès pieux
Pour vivre la confiance glorieuse
Et avoir un mérite heureux
Pour vivre heureux
Et dire " gloire à DIEU "

Nos horizons sont infinis
Nos ambitions sont réunies
Même nos perfections infinies
Sont des buts bien définis
Pour le bonheur et la vie heureuse
L'attribut supérieur et sérieux
D'une nature aussi pieuse
De tous les êtres généreux
Nos épreuves de complétude
Et même parfois de plénitude
L'horizon est un sucre de mer
Quand on goute, c`est amer
Au plaisir d'amertume vaincue
Le chemin des réalités vécues
La fin d'une vie de cocue.

Nos horizons sont des crépuscules
De nos orbites qui reculent
On y arrive sans espoir
En perçant tous les vouloirs
Sans poursuivre à tous les prix
La perfection et les prix
A chaque instant de l'enfance
On y va et on avance
Avec du temps l'espérance
Elle vient toute seule sans souffrance
Surtout dans la bonne patience
Quand tout obstacle en délivrance
Est vaincu en toute prudence.

Grace à DIEU et son immensité
On ne vit pas pour subir les difficultés
On vit pour toujours les surmonter
On ne vit pas pour des régressions
On vit pour l'accélération
Et aussi pour la maturation
Qui veut le fruit grimpera à l'heure
L'horizon est le fruit du bonheur
Le défi d'un monde de malheurs
Vivre heureux est un dur labeur
Au sommet de toute vie de sueur
Où nos passions se changent en fleur

Je sens, je voix et j'entends à travers
Des craintes et peurs sans trahison
Des êtres sans effort sévère
Mais où est l'âme de ma maison ?
Où est le cœur des espaces verts ?
Le capitaine de toutes garnisons
Pour çà, j'ai plus peur de son revers
Car sans âme, on vit sans raison
Sans raison, on vit sans univers
Sans univers, on vit sans horizon.

LE TEMOIGNAGE
La vie mérite bien quelques témoignages

La vie à des hauts et des bas
Des blessures et des cassures
Aucune épaule n'est capable de nous
Rien de plus grave que d'avoir un cœur arraché
Rien de plus horrible que de sentir ses puissances amollies
Toujours en larme, les pleurs, les détresses nous absorbent
Enlevant tout envie, le vrai sens de l'amour et de la vie
Accepter les prisons, les chagrins, c'est mon chemin
Supporter les blessures, les cassures, c'est mon amour
Sur ma peau et mes os, tous ce qui reste est cicatrice
Quelques unes restent encore dans mes souvenirs
Dans mon sang et ma pensée, des tromperies et moqueries
Des apparences et des évidences, des doutes et des peurs
Tous les grades et tous les galons, sur les épaules et le dos
Toute la peur du monde et de la terre ne me dit plus rien.
Dans ma vie, mes inspirations sont mes épreuves
Mes sagesses sont mes lumières et mes belles leçons
A chaque épreuve, ce qui vient est une autre plus dur
Je tombe, Je me relève, Je faiblis, Je rajeunis
La vie ne cesse d'être un piège
A chaque instant, on s'enfonce ou on esquive

Je n'ai jamais rien trouvé cuit
J'ai toujours creusé et fouillé, labouré et attendre
Pour enfin, ne rien trouver, et remercier les ôtes
Dans la vie, on append, on comprend, on surprend
La vie c'est du cœur, et de la résistance
La patience nous aspire, des espoirs nous respirent
Des raccourcies nous aveuglent, l'impatience nous abrège
La vie appartient à ceux qui ce lèvent tôt
Se prendre en mains, oser et risquer des belles épreuves
Rien ne pourra me prouver le contraire
S'éloigner du vice, de l'ennuie et des besoins
La vie c'est un ascenseur, on le voit et le vit
Un faux "pas" suffit pour le bloquer
La vie c'est du temps et ce qu'on en fait

Notre seul compagnon, un guide assuré, une lumière divine
La vie c'est la raison, c'est la confiance
La vie c'est la conviction, c'est la foi
La vie c'est de l'estime, c'est et de la franchise
La vie, ce sont les épreuves, ce sont des leçons

Je connu d'une épreuve, ce que me vaux mon temps
Il ne pardonne à rien, ni à personne
Il est le seul coéquipier qui nous accompagne
Etre devant le temps, c'est abandonné son destin
Etre derrière le temps, c'est échapper à son destin
Etre avec le temps c'est le tenir par la main
Mon temps c'est mon destin, mon destin, c'est ma raison
Ma raison c'est ma conviction, ma conviction c'est ma foi...
Pour moi, tous ce que je vois, c'est la promesse
Je suis seul face à cela, je n'attends rien, ni personne
Ni toi, ni lui, personne ne pourra courir avec moi
Ta course t'attend toi aussi, lève-toi et poursuit-la !
D'aucun n'ont qu'à rire, tu n'as qu'à te moquer !
Peu importe le chemin, ce qui compte plus, c'est la fin
La fin, c'est la perfection, c'est la vérité, c'est du bien
La fin, c'est ce qui plait à DIEU
La fin, c'est le plan de DIEU
La fin, c'est ce que tu ne sais pas
La fin, c'est ce qui garde ma foi
La fin, c'est ce qui illumine mon esprit
La fin, c'est ce qui orient mes convictions
La fin, c'est ce qui guide mes prières
La fin, c'est tout ce qui concoure à mon bien
La fin, j'y crois, je l'accepte, je la préfère
Souvent, je n'arrive à rien mais j'espère plus
Je crois à ce que je vis, je combats pour en vivre plus
Souvent, je ressors en papiers mâchés
Jamais, je n'ai pu deviner mes angoisses et mes soucis
J'ai toujours pu dévier mes craintes et mes peurs
Parfois, c'est dur, très dur et trop dur...

Mais je comprends que, l'"homme est un être mystérieux
Il ne semble juste, que dans le regard, et dans les paroles

Il est un être souvent insensible et dur
Souvent, je manque de soif, je manque de fin
Je pense seul à tout ce qui me reste
C'est ma foi, c'est aussi mes espoirs
J'ai bien raison, de croire à la vie
La vie c'est la lutte, la bataille, c'est le combat !
Mes épreuves, m'apprennent, bien plus de choses...
Si la vie nous échappe, nous n'échapperons pas à la vie
Parfois, des idées me rassemblent
Jamais, face à mes idées, je me sen tout neuf...
J'ai compris que, la vie c'est toi, moi et aussi lui
Chacun doit s'y déployer, la vie n'est pas un fleuve calme
La vie fait très mal, même le nouveau né, a assez vécu
Il n'est jamais trop jeune pour témoigner
Dans mes épreuves, je ris, je pleure
Je monte, je descends, ce qui importe, est ce que je cherche
Je sais, que beaucoup ne le comprennent pas
Qui ils vivent bien, la vie appartient à tous!
Les épreuves, c'est bien le chemin de tous
Mon courage, ma persévérance pourront tout débloquer
Sans démission, j'ai toujours affronté des vraies missions
J'ai appris qu'avoir de l'avenir, c'est avoir de l'ambition

Aucun chemin n'est facile, nul ne m'a jamais rien donné
Dans ma vie, tout se construit de mes mains
Rien du tout ne me surprend, rien ne m'impressionne
Je vis comme un moteur, j'ai du cœur et de la résistance
Je sais que j'ai des grosses étoiles...
Autour de moi, tout ce qu'on cherche, c'est de les planquer
J'ai toujours eu la force, pour surmonter mes obstacles
Dans mes succès, je ne me sens jamais supérieur aux autres
Jamais je ne me suis fait déguster, je suis un prédateur
Je trébuche, mais je rencontre toujours des mirages
Dans mon temps, je fais des tours dans le ciel
Je tourne des fois ma langue pour exprimer mon estime
Mais, ce que je cherche, je crois que j'avance
Pour moi, c'est le plus essentiel
Jamais, je ne crois qu'il y a une barrière infranchissable
Même sur le sable, il y'a des belles fleurs qui poussent

C’est dans la bataille, que tu peux arracher une victoire
Peu importe, si tu en sorts vraiment déçu
Tu n’es pas le seul la vie, c’est des coups
Il faudra en supporter les plus durs
Je ne crois jamais souffrir que d’autres
J’ai toujours su débloquer mes mystères
Ce n’est rien de nouveau, du vivant, chacun en goûte
Chacun en subit mais, marcher tête haute, c’est la solution
Dans la vie, il faut accepter les échecs et les douleurs
J’ai vécu le soleil, j’ai vu des orages
Aujourd’hui je vis des météos
J’ai cru que toutes mes pistes étaient bloquées
J’ai calculé des mirages, j’ai esquivé des pièges
La vie est un labyrinthe, à chaque couloir, il faut s’en sortir

Plusieurs fois le destin m’a coincé
A tout instant, j’ai failli tomber
Mais si je suis débout, c’est ma foi et ma conviction
J’ai eu du cœur, de la puissance pour l’affronter
Aujourd’hui, trop de cicatrices m’ont arraché le cœur
Je ne suis qu’un rescapé, qui se fait passer pour exemple
Si je gratte autant de texte, c’est pour une vie
A tout moment, je m’arrête pour quelques témoignages
Dans les peines, dans des blessures, j’y crois
J’ai fini par mieux comprendre la vie
Vivre c’est accepter la guérison et croire au partage
C’est, échanger les émotions, maintenir le sourire au visage
Il faut toujours lire les signes de l’horizon, et s’orienter
La foudre ne dure jamais pour toujours
Même si elle ne se voit pas, je me bats, pour éviter le pire
Personne ne peut me contredire, tous le savent
La sagesse, ce n’est pas l’expérience
Etre sage, c’est tirer des leçons et connaitre la vie
J’ai affronté des épreuves et des pires souffrances morales
Parfois, je crois de toute foi et de toute force
Dans ma peine, les angoisses rejoignent mes impuissances
Souvent, je suis triste, plus triste que le monde
J’ai vécu des drames, des drames à tombeau ouvert
Dans mon quotidien, malgré le drame, on s’accroche

Mais dans les drames, une chose me soulage
Mes proches s'arrêtent souvent et les partagent avec moi
Tellement vif, tellement dur, j'ai cru pouvoir cacher ma vie
J'ai surtout compris, qu'il faudra aller la chercher
Elle ne nous donnera pas tout cuit
Si tu ne vas pas vers la vie, la vie ne viendra jamais à toi
Je sais que, ce que j'ai, je le mérite bien
Au hasard, je n'ai jamais rien trouvé…

Dans ma vie, il y'a aussi trop de bonheur
C'est en travaillant et en insistant, que je les trouve
Pour ça, jamais j'ai cessé le combat et la bataille
Il n'y a nul miracle que la foi et la conviction
La patience rime mes pas
Le courage guide et nourrit mes efforts
Ma résistance est le soutient qui me tient debout
Mon espoir est le réconfort qui m'encourage
Ma foi, efface mes regrets, et guide mon cœur
Ma conviction éclaire mes espérances pour l'avenir
Même si je vis dans la dureté des hommes
Ma sagesse m'éloigne de toute fatalité
Car pendant ma vie, le salut m'accompagne
Dans mes pas, la justice me pourchasse
La santé, la domination riment mes libertés
La prospérité, la protection rythment mes responsabilités
Et dans la gloire du suprême, toute la bénédiction subsiste
Sa bénédiction, sa gloire nous accompagneront toujours
En toute chose dans la vie, dans ta vie, dans sa vie.

II- LA TERRE DE CHAM

EPREUVES ET SOURIRES

Mes épreuves sont mes proches
C'est la vie, le festin, le destin

Depuis la levée du soleil
Je vois la lumière et les éclaires
Depuis qu'il a perdu sa puissance
Je ressens dans mon cœur, une extrême profondeur
Je réalise plus que ce que je cherche, je m'y approche
Je trouve la vie en douceur
On ne s'en aperçoit pas, mais il arrive comme un labeur
C'est à cet instant que naissent la flamme et la foudre
C'est un moment où on aspire plus au miel et à la pipe
Quand on écrit, on rêve, on salive puis on chante
On vient du désert et du chagrin sans courage sans épaule
On s'accuse d'en arriver là sans admiration, ni suspicion
Des tiraillements, de fractures, des tourments
Autour de nous, on croit au miracle
Dans la conviction, le travail, et la détermination
La persévérance, la franchise, la confiance et la destinée
Parfois on se retrouve seul, c'est le désert, c'est la misère
On croit finir, pourtant on commence et il en faut plus
Parfois on ne croit à rien, on est déçu et on supporte
Peut être c'est le plan de DIEU, mais enfin quel DIEU?
J'aimerais que ta course continue, allons de l'avant
Comme ces enfants qui sortent et ne reviennent plus
Comme tous ces pères qui se battent et y laissent la vie
Comme ces mères qui labourent et s'enroulent pour nous
Dans ce monde où on rêve et la vie enterre nos rêves
Quand on ouvre la porte, le soleil emporte nos flammes
Par la fenêtre, la nature emporte nos désirs et nos passions
On croit intime, nos expériences
On croit ultime nos multiples épreuves
On comprend peu à peu bien de choses
La nature nous rend muet dans la raison
On vit des aveux et des passerelles sensationnels
Quant l'étoile brille, on découvre la grandeur et la hauteur
On chante pour des marbres, on danse comme des envies

On apprend à sortir et à chaque instant
Les idées varient, la pensée change
Je revenais de loin, c'est ma dernière lettre
Pour vous, les épreuves qui m'inspirent
Ne soyez pas tristes, la vie est un mystère
C'est aussi la déception
Personne ne peut vivre près de l'autre
Dans la vie, tout est personnel, tout est individuel
D'ici peu, ma raison rejoint mon cœur
C'est ma grâce c'est ma foi
Mais sans vous, avec vous je peux
C'est la décision et j'y crois
Personne n'est condition pour l'autre
Vous savez, la vie s'octroie
Quand on se bat, puis on tombe
On se relève on dit "la vie s'arrache"
La vie c'est le destin c'est vrai
Mais un destin qui nous contourne
Un destin qui nous détourne
La vie c'est le chagrin et le pétrin
La vie c'est aussi le déclin
L'avenir c'est ce qu'on cherche
L'avenir c'est ce qu'on a
L'avenir c'est ce qu'on veut être
L'avenir c'est ce qu'on est
Le destin c'est ce qu'on sera
Le destin c'est ce qu'on aura
L'avenir c'est le destin, c'est le futur
Le futur c'est ce qu'on devient, c'est la vie
Je t'aime avenir, tu es comme Sinclair, tu as des éclairs
On aime le futur, on aime le lendemain
C'est ce qui concoure à la vie
Mais sachez une chose, mes épreuves, c'est vous
Mes épreuves, c'est les autres et parfois moi-même.

SLAVERY LIVE

Sociétés tribales
Peuples de classes
Sans conscience nationale
Sans statut ni trace
Plein d'intérêts égoïstes
Et de particularisme ethnique
Quelle réalité sociologique !
Source de conflits idéologiques
Entre les citoyens du monde
Qui fracturent la ronde.
Hommes de toutes les ondes
Transcendons toute diversité
Les tribus et classes de la cité
Oublions toute cupidité
Pour construire la nation
Partageons toute émotion
Pour concilier nos actions
Combattons les replis identitaires
Luttons pour un salut exemplaire
Même pour l'unité alimentaire
Et des habitudes vestimentaires

Classes de toute société !
Avec ou sans légitimité
Partageons une seule conscience
Les mêmes conditions d'existence
Revendiquant avec dignité
Les mêmes droits et légalités
Les mêmes causes économiques
Dans une lutte dynamique
Contre une Afrique capitaliste
Et des classes antagonistes
Mais pour les communautaristes
Dans un continent socialiste
Avec un système fonctionnaliste
Rassemblant tous nos matériels
Pour un tissu industriel

Dans un progrès factoriel
Soutenant toute ambition
Accomplissant des vraies missions
Faisant grandir toute la nation
Ensemble dans la contribution
Alignons-nous derrière nos Etat
Qui garantissent nos habitats
Et corrigent nos erratas
Suivons nos plus grands employeurs
Pour défier toutes nos erreurs
Et vivre sans aucune terreur
Déployons tous nos capitaux
Sans s'attaquer avec les couteaux
Luttons dans un même manteau
Nos têtes dans un chapeau
Partageant aussi les temps les moins beaux
Combattons tout modèle mécanique
Contre les nations d'Afrique
Comme la bourgeoisie Etatique
Qui rend la nation statique
Dans des pouvoirs sadiques
Du gouvernent gérontocratiques
Luttons contre des servitudes précaires
Comme la bourgeoisie militaire
Sur une couche prolétaire
Avec la pénitence judiciaire
Même sur les femmes exemplaires
Sans aucune action irrégulière
Attrapons des fonctionnaires à gros comptes
Comme tous les laissés-pour-compte
Et des vieillards qui écrivent des contes
Regroupent des gamins et les raconte
Sur une nation à histoire banale
Où toute la jeunesse reste pâle
Et victime des consciences tribales
Qui font pleuvoir sur eux des balles
Même les occupants de la capitale
Détruisons tout paramètre crucial
Fertilisant les classes sociales

Même la discrimination raciale
Des ambitions démesurées et bestiales
Contre notre émergence spatiale
Nourrissant aussi des affrontements
Qui détruisent nos équipements
Et freinent tout développement
Installant le découragement
De l'Afrique et ses nations
Où des classes sont en formation,
Les populations en migration
Des tribus en implantation

Luttons pour la conscience nationale
Construisons l'unité nationale
Nourrissons l'équilibre régional
Poursuivons l'idéal de l'intégration
Dans la paix et la sécurisation,
Le développement et la révolution
La stabilité et la moralisation
Le renouvellement des comportements
Dans la perspective du changement
Le respect des règlements
Et une gestion sans détournement

Transformons notre situation
Pour un bien-être futur
Et des nouvelles conditions,
Une ascension sans rupture
D'un processus d'intégration,
Une intégration qui rassure
Des efforts sans démission
D'une Afrique en miniature
Et toutes ses plantations
Avec des récoltes qui assurent
Soutenant la population
Qui survit In la conjoncture.
Dans notre Afrique actuelle
Où chacun veut être unique
Sans échange culturel

Et peu d'échanges économiques
Des différences structurelles,
Et la diversité linguistique
Des rapports inter duels
Des harmonisations ana critiques
On s'isole les uns les autres

Pas de culture commune
On veut que tout soit le notre
Peu de mariages inter-tribus
Chacun vie comme un apôtre

Peu de bien que de mal,
La société dévient plurale
Les populations vont mal
Il faut aussi unir chacune
Pour que nos langues soient une.
Nous sommes citoyens du même Etat
Arrêtons la vie d'étrangers
Entre nous, c'est l'attentat
Nous ne sommes pas des refugiés
Comme un frère le chanta
Soyons des frères engagés
Pour un peuple en bon état.
Mais, nous partageons à peine un même quartier
On se refuse, comme voisins d'habitat
Pire encore comme collaborateurs de métier
Ce qui éclate des conflits meurtriers
Entre les vivants du même pied
Qui s'attachent aux réalités tribales
Et au clanisme social
Qu'à l'équilibre régional
Et la conscience nationale
Voilà nos réalités sociales.

LA TERRE ET LES HOMMES

Êtres de nature
Etres de culture
Rassemblés en beaux hommes
De plus belles combinaisons
Des inégaux de l'univers pur
La culture crée des ruptures
La nature fait des impures
Dans une société de conjugaisons
Où tout homme vit dans sa raison
Mais d'ici ou d'ailleurs, on inaugure
Une civilisation de belles figures
Or l'homme se crée de toute façon
Sa personnalité s'élève comme rançon
Son être est le fruit d'investiture
Comme parfois de l'imposture
Au cœur des hautes envergures
Où pour sa vie l'on est maçon
Parfois d'une enfance de buisson
Doublement inséré dans la nature
Différenciant toute rature
Et subissant la forfaiture
A l'extérieur de toute figure
Comme la création et ses environs
Comme l'existence qu'ils chercheront
A l'intérieur d'une vie de piqure
N'expriment que des vraies blessures
De l'univers et ses cassures
Du monde entier et ses morsures
De nos désirs et chansons
De nos plaisirs et nos façons
D'un univers que nous pensons
Dans les fumées et les boissons
Et des tendances que nous dansons
Comme général, le mot culture
Développant nos facultés impures
Pour des esprits plus matures
Animent la terre sans souillure

Purifiant à pas sûrs leur monture
S'exerçant dans l'arche des fautons
Comme l'école des jeunes moutons
Développant tout en Marathon
La culture s'ajoute à la nature
Elle échappe toute confiture
Pour la confirmation qui rassure
L'éducation morale et la raison
Transcendant un désir qui morfond
Rendant apte à vivre sans façon
En communauté sans rupture
Respectant des valeurs sûres
De toute nature humaine pure
Et des cultures au sens profond
De la sociologie que nous prêchons
Comme phénomènes de tout augure
Des caractéristiques de toute allure,
Mode de vie dans un ballon
Niveau de vie sans talon
Vivre au rythme des balafons
Aux comportements par mesure
Des individus aussi mûrs
Vivant ensemble sans cassure
Unis comme des mastiquons
Dans une tradition sans échelon
Personne n'apparait comme chiffon
Les mets, les langues et les cultures.
Quel univers ! Quelle figure !
Un peuple inculte est obscur
Et sans univers ni horizon
C'est le propre de tout homme
Comme une vie des moutons
On s'installe dans toute structure
Naturel et nécessaire comme Epicure
Dans la primauté de toute procédure
La culture parachève nos garnisons
Comblant toutes nos blessures bidon
Transformant les produits de la nature
Et l'univers de tous les hommes.

DIFFERENCES ET INEGALITES

La nature fait des différences
La culture crée des inégalités
Dans la société et sa diversité
Dans divers conception de l'existence
La nature transformée sans prudence
Des hommes côtoient son intimité
Sympathisant avec son excentricité
La cité exprime ses évidences
D'autres étalent leurs imprudences
Et traitent la nature comme objet
En s'efforçant de mieux la dompter
Dans la logique de toute récurrence
Qui s'enfiche de toute résonnance
Ethnocentrisme au pluriel !
Grande tendance universelle
Des natures existentielles
Où l'être se met à juger
Et se met à condamner
Toute nature et toute culture
Tout sexe et toute race
Toute tribu et sans mesure
Toute société et toute classe
Surtout étrangère ou extérieure
Où on se prend pour supérieur
Même le juge passe à la barre
L'autre parait sauvage et barbare
Sous homme ou inférieur
Dans une vie des parieurs
Des sociétés sans rempart
Pour un nouveau départ
Et pour la mise à part
Des calomnies et du tribalisme
La xénophobie et le clanisme
L'apartheid et le racisme
Pour construire le relativisme
Abolissant toute énigme
Même le radicalisme

Des différences qui se valent
Et nous adaptent à nos milieux
Organisant notre existence
Même si la société paraît ovale,
La différence s'efface mieux
Mettant fin à toute persistance
Chacun se reconnait dans sa culture
Et ménage toute ses bordures
Même les instants les plus durs
Sans identification pure
Et individualisation sûre
Parfois des model obscurs
Où l'on manque de culture,
Et s'aliène en toute bouture
Dans un déséquilibre vécu
Où toute valeur est vaincue
Foulant au pied toute pâture,
Tournant le dos à nos issues
Adoptant de nouvelles cultures
Sans aucune nature pieuse
Ni caractéristique sérieuse
Comme la couleur des yeux
Et la couleur des cheveux
Comme celle des plus vieux
La morphologie et la peau
Le comportement et ses pluralismes
La drépanocytose et l'albinisme
Toute influence comme le daltonisme
Favorisant tout existentialisme
Exprimant tout pluralisme
Sans cause sur l'intellectualisme,
Développant l'essentialisme
Des différences de naturalismes
Et inégalités du capitalisme.

THE END OF THE YEAR

Le temps et l'espace

Composant de la nature
Compagnons le plus sûrs
Ils demeurent nos milieux
Dans leur rythme impérieux
Espace des juxtapositions
Temps de toute succession
Toute chose demeure dans l'espace
Et tout être vie dans l'impasse
Chaque évènement c'est le temps
Il s'écoule à chaque instant.

La nature est sur maîtrise
Comme un branchement sans prise
L'espace souffre des entreprises
Dans des actions qui méprisent
Qu'ils produisent à mainte reprise
Malgré les valeurs qu'on prise
Dans toutes ces leçons apprises
Et le temps bouge sans reprise
Mettant l'univers sur son emprise
Plongeant notre planète dans la crise
Comme les engins de couleur grise
Qui se déplacent sans carte grise
Avec des êtres invincibles
Rêvant d'un monde invisible
Dans un espace réversible
Et un temps irréversible
Où tout reste incompréhensible
Et l'univers approche sa fin
Car le temps meurt de faim
Rongeant les efforts les plus fins
Transformant tout être en défunt
Ô ! Jamais on ne dira "Enfin"
Car rien ne demeure
Ancres et salives coulent

A tout temps et toute heure
Titanic vaincu par une minuscule glace
Larmes et sang coulent
Vers des dernières demeures,
Des êtres coulent
La planète meurt
L'espace en découle
Tout nous fait horreur
Même le cristal en boule,
Annonce des grosses terreurs

Quel paradoxe le temps !
Une réalité au printemps
Qui change de temps en temps
Et nous transforme tant
Même des gamins restant
Et tout espoir existant
L'espace meurt en chantant
Des déchets fleurissant tants
Polluant même des Satan
Qui la détruisent en doutant
Même pour eux grands combattants
Du grand créateur tout puissant

L'espace déplace tout destin
Le temps coule et éteint
Les êtres et les instincts
D'une planète sans festin
De l'univers et ses crétins
Comme la terre et ses pétrins
Des gros wagons sans train
Une locomotive qui craint
Un peuple qui se plein
Du temps comme impuissance
De l'espace et ses puissances

TESTAMENT DE NKRUMAH

Africains de toutes les nations
Unissez-vous !

Levons nous et combattons nos différences
Main dans la main, détruisons nos barrières
Formons un continent des nations unies
Faisons fondre tous nos Etats
Pour être un pays, un village
Pour bâtir et consolider le progrès
Pour solidifier un développement durable
Pour éduquer nos enfants dans l'unité et la paix
Pour le rêve de vivre dans l'honneur et la gloire

Africains du nord ! Africains du sud !
Africains de l'est ! Africain de l'ouest !
Combattons nos difficultés et faiblesses
Centrons-nous et surmontons nos divergences
Pour l'efficacité d'une Afrique prospère
Pour l'effectivité d'une Afrique unique
Pour construire l'âme des Etats Unis d'Afrique

Africains d'ici et d'ailleurs
Défendons droits et nos valeurs
Revendiquons la dignité de notre race
Ne soyons pas de ceux qui s'abaissent et s'affaissent
S'abandonnant à la destruction psychologique
Soyons de ceux qui sont prédominés par l'esprit
Unis et debout, même s'il faut payer le prix
Comme des martyrs à Mongo-Mary city
Comme Martin Luther et Williams Dubois
Comme George Pad More et Marcus Garvey
Formons le poing au prix de vaincre ou mourir
Ne soyons pas effrayés par l'idée de prison
La néo-liberté, voilà de quoi on est capable
Pourquoi craindre d'aller en taule ?
Si un peuple défend sa légitimité
Marchons pour la néo-liberté

Luttons pour les néo-égalités
Combattons la ségrégation et l'injustice
Si mon peuple a commis un péché juste,
C'est d'être venu au monde en couleur
Et d'avoir l'idée de défendre sa valeur
Comme Mandela et tous les autres
Il faut chercher la paix et la tranquillité
Cherchons la sécurité de notre univers
Car nous y existons comme les autres
De ma bouche, s éclatent toutes les voix
Des voix qui parlent au nom de tous
Je suis fier dc toutes ces diversités
Ces différences de couleurs et de cultures
Celles qui nourrissent et font la richesse de notre univers
Je me réjouis de partager toutes ses valeurs
Je les partage dans l'amour et la paix
Pour la renaissance et un nouveau départ
Pour le risque, le travail et l'ardeur
Pour bien faire et remplir mon contrat social
Acceptez toute manifestation de l'existence
En moi, autour de moi et pour moi-même
Au plus intime de toute raison
Je suis saisi de pitié et de compassion
Comme un berger pour l'univers
Qui se met derrière toute la planète
Et qui communique à tout le monde
En prenant soin de toute la terre
Sans moment de joie et de fierté
Sans espoir ni saveur d'exister
Dans un peuple de guerre et de bataille
D'apartheid, de clanisme et de tribalisme
De xénophobie, d'inégalité et de domination
Qui vit sans étoile et sans futur
Le dos tourné au salut et à la lumière
Promouvons l'unité et oublions des frontières
Formons un seul peuple, une nation unique
La nation d'Afrique, celle des pionniers
Comme Nkrumah, Keita et Touré
Comme le Club d'Accra, pour une Afrique unie

Combattons les rivalités entre nos Etats
Combattons le Néo-colonialisme
Ne nous faisons pas hissés contre nous même
Soyons unis par une monnaie commune
Soyons unis par nos langues et nos cultures
Existons sans barrière ni frontière
Pour faire de notre continent,
Un gouvernement ou un Etat unique
Ayant une seule armée et une armée
Luttons contre les égoïsmes nationaux
Les classes et courants antagoniste
Les problèmes frontaliers et guerres interétatiques
Les rivalités religieuses et culturelles
L'égocentrisme et le sous-développement
L'absolutisme et le pouvoir dictatorial
Luttons pour un avenir pieux et salutaire
Luttons pour nous unir et mourir
Comme Anta Diop et Njoh Mouellé
Favorisons l'économie, la science et l'intelligence
Prions pour l'alternance dans notre politique
Contre le totalitarisme et pour la démocratie

Africains d'ici et d'ailleurs
Nos divisions nous nous affaiblissent
Les conflits de misère nous fragilisent
Profitant à nos envahisseurs et jamais à nous
Combattons la division et l'exploitation

Luttons pour toute doctrine d'émancipation
Pour la libération de l'homme de couleur
Pour l'égalité des hommes et des peuples
Pour la dissipation des catégories
Contre l'idée du maître et de l'esclave
Pour l'union et le concert des nations
Luttons pour un universalisme vrai
Pour la vraie mondialisation
Celle des valeurs humaines
Celle des vertus universelles
Celle s'opposant aux marchandises

Celle s'opposant aux modes de vie
Que l'occident internationalise
Celle du pouvoir et de l'argent

Détruisons de toute énergie
La barbarie qui se mondialise
Prisons la civilisation planétaire
Défendons une Afrique unie
Pour vivre ensemble et en tout lieu
Pour des siècles et pour l'éternité

Africains de tout temps et tout lieu
Revenez chez vous
Mettons nos savoirs et savoir faire
Pour la perversion, la justice et le bien
Pour le bien être de notre cher unique Etat
Cessez de vous battre en Europe
Où ils marchent tous avec des montres
Car les noirs s'y sont déjà battus
Il faut qu'ils se battent chez eux
Car chez nous, tout reste encore à faire
Aujourd'hui, il nous faut bien du temps
Pour la libération et l'intégration de tous
Pour que l'Afrique soit pour les africains

Africains, frères et sœurs !
Il faut que nos Etats s'unissent
Pour être une nation unique
Car c'est la voie du salut
Pour notre cher continent.

WAKE UP AFRICA !

Africains de toute race
Originaire des misères d'Afrique
Continent sous développé
Peuple des Etats pauvres
L'urgence vous appelle
Levez vous de toute force
Combattez la misère mentale
Combattez la misère matérielle
Construisez votre économie
Pour une Afrique libre
Dans le présent et le futur
Améliorez vitre histoire
Dans toutes les dimensions
Car les âmes meurent
De maladies et de faim
Le revenu est faible
Par citoyen et habitant
Pour la nutrition et la santé
Des hommes vivent sans logement
Des enfants meurent
Des insuffisances alimentaires
Des males et sous nutritions
Des faibles niveaux de santé
Le paludisme tue l'Afrique
Le choléra efface nos enfants
Causant des souffrances et morts
L'Afrique est le rendez-vous
Des parasites de la création
Il n'existe pas suffisamment
Des établissements hospitaliers
Ni du personnel médical
Notre vie est en larme
La mortalité infantile
Reste toujours élevée
Des femmes meurent
Toute fin s'approche
Tout départ est précoce

L'espérance de vie
Est relativement faible
Toute la jeunesse chôme
Des êtres vivent parqués
Dans la délinquance
Dans le grand banditisme
Dans la prostitution
A la recherche du bonheur
Nos enfants migrent
Dans des grandes villes
Qui croissent sans merci
D'autres vont à pied
Dans des pays de l'occident
Pour chercher la vie
Qu'ils perdent toujours
Sans y être arrivé
Sans l'avoir trouvé
Car la vie y est dure
Aussi comme au bercail

Africains de toute race
L'économie est déséquilibrée
Nos ressources sont exploitées
Nos produits sont escroqués
Nous vivons sans issue ni fin
Avec des économistes égoïstes
Une industrialisation faible
Des industries embryonnaires
Notre vie est une dépendance
L'africain baigne encore
Dans la misère mentale
Et une carence intellectuelle
Dans une pauvreté spirituelle
Et la misère superstitieuse
Des mentalités magico religieuses
Des références irrationnelles
Et des craintes sans fondement
Qui bloquent le développement

Nous ! Des âmes de couleur
Nous sommes tous critiques
Nous vivons dans le néant
Sans aucune valeur réelle
Des psychismes bloqués
Des esprits handicapés
La psychologie affaissée
Le développement crispé
Sans envol ni décollage
Nous vivons dans la magie
Nous vivons dans les fétiches
L'occultisme et le mysticisme
Nous rendent tous réfractaire
A la science et la technique
Qui comprennent et transforment
Toute la nature pour le beau
La lourdeur et la paresse
L'instinct de vandalisme
De désordre et d'improvisation
C'est çà l'Africain au total
Dans toute sa complaisance,
Le complexe d'infériorité
Pour nos jeunes sans espoir
Pour tous ceux croient que
Le model c'est l'occident
Et leur manière de faire
Qu'ils adoptent dans le néant
Par imitation aveugle et servile
Détruit dans nos esprits
L'initiative et la créativité
Et d'autres jeunes détractés
Vivent collés à la nature
Peuplée des forces occultes
Qui prennent comme leurs pères
Pour des dieux protecteurs
Car faire violence à la nature
C'est agresser fatalement
Une partie de l'Africain
Qui protège sa chère nature

Au lieu de la transformer
Pour aussi se reformer

Que faire chers Africains ?
Pour promouvoir chez nous
Un développement durable
Africains de tout horizon !
Convergez vers nous
Concilions nos énergies
Pour une croissance
Morale et matérielle
L'édification de l'Afrique
Combattons tous les sorciers
Sans amour, sans pitié
Irréfléchis et non engagés
Prêts à piller et vendre
Sans crainte ni peur
Leur nation et leur patrie
Lutons tous pour détruire
La barbarie et la pétulance
La sauvagerie et l'indigence
Vivons dans l'éthique et morale
Cessons aussi de fabriquer
Des administrateurs sans conscience
Des technocrates sans créativité
Uniquement tous prêts
A consommer et appauvrir
A détourner et manipuler
La patrie et la nation
Luttons pour un équilibre certain
Et aussi un avenir de fer
Pour nos enfants de demain
Car l'Afrique a besoin de nous.

III- CONJONCTURES

LE TRIBALISME

Nous vivons tous
Une Afrique qui subit
La bourgeoisie néocoloniale
L'assassinat des peuples
Avec un pouvoir néocolonial
Dans une caverne sans meuble
Qui multiplie ses erreurs
Et se comporte en diviseur
Des partis nationaux
En véritables ethnies
En véritables tribus
Parlant pour le peuple
Et surtout en secret
Souvent contre le peuple
Parfois même en public
En dictature authentique
En absolutisme ethnique
En totalitarisme tribal
Comme une tribu qui dicte
Une famille qui gouverne
Une maison qui domine
Un peuple en colère
Une vie de misère
Un gouvernement de traitres
Vendant toute l'Afrique
Tel Simon et le cheval de Troie
Livrant tout le peuple
Aux plus terribles des ennemis
Quelle bêtise pleine de honte !
Où nos imposteurs intellectuels
Même nos bergers spirituels
Veulent leur part de gâteau
Et s'alignent sous le manteau
Des aveugles et des fous
Renvoyant le peuple en vitesse
Comme serviteur de la sainteté
Dans un sort de pénitence

Où au stade des discours,
Toute intégration échoue
Où le tribalisme croit
Et la moralité se prostitue
Où toute idéologie grégaire,
Même des tendances sectaires
Font redouter nos conditions
De conscience ethnique
Et de conscience tribale
En groupe de béton armé
De force politique manifeste
Interminable et épuisante
Des conjectures présentes

Tribalisme proclamé
Ethnocentrisme programmé
Idéologie des classes dirigeantes
Ascendance des strates inférieures
C'est l'ethnisme qui durcit
Toute société politique
Dans la revanche tapageuse
La domination de toute couche
L'irruption et la haine
Entre nos communautés
Qui se tapissent mortellement
Dans nos quartiers et villes
Et vivent In la chaumière
Dans nos villages et contrées
S'agressant au quotidien
Pourchassant jour et nuit
Expulsant comme des étrangers
Toutes les autres tribus
Fatalisant notre humble Afrique
Quel phénomène le tribalisme !
Quelle contagion affective !

Les ''papas doc' Africains
Est esclave du socle tribal
Vivant sans pouvoir réel

Ecartée des vraies décisions
Réduite dans la misère objective
La galère de l'élite africaine
Ayant pour seuls soucis
Des soucis alimentaires
Quelle douleur et amertume !
Pour tout une Afrique mutilée
En classes ethnique et tribales
Pour des consciences manipulées
Par des puissances néocoloniales
Quelle honte ! Quelle tristesse !
Pour des distances psychologiques
Dans nos villes hétérogènes
Où vivent des frères et sœurs
Qui se traitent en étrangers
Formant dans une nation
Des peuples malheureux
Libres dans des papiers
Souverains aux yeux du monde
Avec des gouvernants contrôlés
Sans autonomie profonde
Vivant en embuscade
Dans un système en cascade
Sur l'économie monétaire
Un système de néo-obligation
D'acheter à la grande puissance

Tribalisme !
Idéologie ultime
De toute race africaine
Diversifié et subtile
De conflits et guerres,
Suivons en urgence
La résistance aux violences
La conscience nationale
L'intégration de toute nation
Pour un horizon imminent
Dans une unité profonde
Et une solidarité immense

L'AMOUR ET LA GUERRES

Africain, asiatique je vous aime
Les guerres nous éloignent

Que ce passe-t-il chez-nous ?
La guerre, le combat, la bataille.
Des peuples sans paix
Sans oreille, sans abri
Des innocents pleurent, partent et meurent
La bataille, la terreur et la rancœur
Des canons qui raisonnent au ciel
Descendant nos proches comme crise de peste
Des volcans qui se déversent sur les villages
Les guerres politiques et ethniques
Des tueries pour le pouvoir et l'argent
Les nations qui meurent dans le feu
Les peuples sans âme, sans corps
Des espoirs restent lettres mortes
Le clanisme et l'injustice
Le tribalisme et la dictature
Des terroirs sans pouvoir
Les peuples demeurent dans le sang
Des enfants dans la peur et l'incertain
Les peuples innocents qu'on divise et domine
Partout en Afrique, en Asie, l'amour s'en va
En occident, c'est le calme

Leurs charres sont chez-nous
Les guerres nous séparent et divisent
Elles nous ont habitués au jeu par le feu
Elles nous ont détruit le ciel et le miel
Laissant des amants sans lune ni dune
Est-ce que c'est réel ?

Africain, Asiatique, je t'aime
Est-ce que ces guerres le savent ?
Les armes à la main,
Contre les mains sans armes

Les guerres nous souillent
Les guerres nous volent
Elles arrachent notre honneur
Et anéantissent notre labeur
Elles nous volent le rire et le sourire
Le bonheur et la fierté de nos enfants
Des enfants seuls, orphelins et. Veufs
Les gamins fous, détruits et achevés
Le savent-elles vraiment ?

Les guerres laissent sans remord
Des enfants interdits de s'aimer
Des jeunes interdits de se posséder
Des hommes et femmes privés d'amour
Même pour leurs nations et leurs pays
Israël, Lybie, Palestine, Côte d'ivoire !
Est-ce qu'elles le savent ?
Des peuples vivent sans soifs
Des nations combattent sans sueurs
Des enfants sans faim
Dans des états sans mains
Des fils et filles dans le froid
Des terres pleines de vides
Des sociétés sans frère ni sœur
Entre nous, on se connait à peine
On s'aime aussi à peine
On s'accepte difficilement
Jamais on ne serait les nôtres
Parfois on se détruit nous même
Pour finir par s'allonger entre nous
Et enfin rire et sourire debout
Pouvoir se toucher et vivre plus
Est-ce que les guerres le savent ?

Afrique ! Asie !
Quelles terres ! Quels peuples !
Des sacrifices sans amours
Un jour on triomphera
Et là, les guerres le sauront

Que quand les peuples transpirent
Et quand ses enfants respirent
L'honneur et la gloire marient leur secours

REVOLUTION SILENCIEUSE

Quelle indépendance de façades !
Sans paix, ni stabilité, ni liberté

Indépendance !
Des années dans l'autonomie
Des décennies dans la liberté
Le peuple meurt, les enfants partent
Dans la jungle et les tueries
Dans nos pays, pays d'Afrique
D'où je viens, mes frères et mes sœurs
Dans nos villages, village d'Afrique
D'où je sors, mes parents grands parents
Jamais de paix, ni de calme
C'est la guerre, sur la terre
Ils ont multiplié, des noms
Pour endormir nos peuples
Des bourgeois et des prolétaires
Des races et des tribus
Des paysans et des sauveteurs
Et même des laissez pour compte
Or, ils sont tous les mêmes
Ils ont trouvé des formules magiques
Pour nous détruire et nous aigrir
La démocratie et la bonne gouvernance
Des langues de vipère et des mesquins
Pour mieux endormir nos chefs
La jeunesse saigne et verse du sang
Les enfants pleurent et coulent des larmes
Ils parlent de communauté internationale
Ils créent des groupes fictifs pour nous aliéner
Le néocolonialisme prend des larges et nous divise
Ils nous montent, les uns contre les autres
Ils nous déracinent et parlent de modernisation
La politique, le clanisme, quelle misère !
Le monde nous regarde l'Afrique se tue
Ils nous arbitrent et se moquent
Les puissances nous coachent

Ils nous manipulent, ils nous divisent
Ils nous détruisent nous terrorisent
Ils traquent et nous matraquent
Des monstres froids, ils nous néo colonisent
Ils pillent nos fortunes emportant nos héritages
Des spéculations de part et d'autres
Des promesses illicites et illusoires
Ils nous injurient dans la pire souffrance
Aujourd'hui, la jeunesse se lève
Arrêtez tout ça ! C'est trop !

Il n'y a plus moyen !
La famine, la souffrance, il faut combattre
Il est l'heure d'exister et stopper tout ça
Surtout à main nue, on doit mourir
On doit partir pour enfin être libre
Et s'épanouir dans notre liberté
Je suis le coach et le capitaine
Je saurais donner un système défensif
J'écris pour défendre en ligne
La race humaine Africaine
Les hors-jeu dans les blessures
Je combats et je persiste
Je lutte par ma pensée et ma raison
Je lutte par ma foi et ma conviction
Je combats à mains nues
Pour la gloire du paysan
Mon arme est pleine de vers
Elle est pleine de mots qui pleuvent
Et vont blesser comme des balles
Et pourront emporter toutes les forces
Je lutte pour la valeur et la dignité
Ma patrie, ma nation en mérite plus
Je combats pour la survie
Et la fierté de tous ses enfants
Luttons pour la paix et l'unité
Construisons l'avenir de notre peuple
J'écris pour faire tomber les masques
Et les magies du néo-colonisateur

Je lutte pour briser les menottes de nos peuples
Je saigne pour qu'enfin, la misère nous échappe
Pour que dans notre misère noire, des képis blancs
Je crie pour défendre la liberté et la justice
Pour bannir les pouvoirs claniques et d'injustice
La dictature, l'absolutisme et le totalitarisme

Je rien attendre, je suis débout!
L'heure de la vérité a sonné
Luttons pour être libre dans l'indépendance
Combattons pour l'unité et la paix
La sécurité et la tranquillité
L'épanouissement de notre peuple
Combattons au prix de vaincre ou mourir
Retrouvons ensemble notre réalité
Retrouvons notre dignité
Notre nature et notre culture
Trouvons le sens propre et profond
De notre chère Afrique
Le berceau de l'humanité
Trouvons l'éducation et la culture
Trouvons notre substance
Peut importe le chemin,
Ma plume reste mon arme
Ma feuille reste mon vrai mystère
Mon combat durera jusqu'à mes fins
C'est ça ma mission et ma vraie destinée
Je tombe, je me lève puis, j'avance
C'est l'essentiel pour ma bataille
Pour parfaire mon Afrique
Contre l'ethnocentrisme
Et la faire exister dans l'honneur et la gloire
Car son existence rencontrera son essence
Le combat s'arrêtera, et peuple s'en réjouira.

AUX PENATES

Africain, asiatique
La case c'est la vie
La nourriture et l'éducation

Je vis d'où je viens en courant
Où vivent ma famille et ses parents
Où vivent des enfants de couleur
Avec des mères pleines de chaleur
Et des pères sources de bonheur
Je vis dans les vallées de profondeur
Où vivent des millions de témoignages
Où vivent la galerie et les patri âges
Je vis sur des sommets les plus hauts
Où on vie toujours en bateau
Comme l'Himalaya et l'Everest
Les terres où des étoiles restent
Où des briques de terre et d'argile
Bâtissent des habitats fragiles
Même des piquets de bois
Bâtissent comme des rois
Des planchettes et des bambous
Empêchent de dormir débout
Où des morceaux de pailles
Où toutes les peaux et écailles
Et même des plumes font nos toits
Et le font également pour toi
Où tout ce qui verse et pleut
Même ce qui bouche nos creux
Forment les plus belles des cases
Qui nous bercent et nous recasent

La case du paysan
Où tout est suffisant
Le palais de la contrée
Qui fêtes toutes les rentrées
La maison de papa
Où à toute heure c'est le repas

La mangeoire des gamins
Qui mangent avec les mains
La miniature et l'hébergement du peuple
De mon peuple, de tous nos peuples
Case d'Afrique, case d'Asie
J'y vis, toi, et lui aussi
Les enfants y ruissellent comme des ruisseaux
Les parents les couvrent comme des mentaux
La case est un moule paramétrique
Où vivent des familles kilométriques
Satisfaisant des natures et nécessités
Dans un commencement ressuscité
Et la fin de tout bonheur stable
Dans nos vieux désirs instables
Dans la joie du strict minimum
Et une suffisance au maximum
Dans tout ordre du monde
On y fait notre ronde
Sans vice, ni besoin
Sans nuire aux soins
Des besoins maternels et primaires
Où luttent des polymères
Pour manger et se loger
Se soigner et se soulager
Où la nature nous soigne et nous protège
Avec des collèges de femmes sans privilège
Et un bataillon d'enfants en sacrilège
Où chacun trouve son compte
Des histoires que nous racontent
Les doyens de toutes les cases
Je parle de ma case et de ta case
La case d'Afrique, la case d'Asie
Celles de tous les enfants en exil

Pour toi africain et toi asiatique
Fils d'Asie et fils d'Afrique
Habitations en rajeunissement perpétuelle
Où il pleut à l'extérieur et c'est habituel
Et souvent à l'intérieur, c'est plus cruel

Une case qui pense et conçoit
Qui nous perçoit et qui déçoit
Une case qui disparait et devrait rester
Aux bords des rivières et des montés
Et aux bords des ruisseaux endettés
La case qui berce, qui couvre et élève
La case qui a éduqué des élèves
La case qui fait d'un continent,
Le père de tous les continents
Le berceau de toute l'humanité
La source de toute postérité
Elle protège et conserve
Elle entretien et réserve
La case est tranquille, la case est calme
La case est où on vit sans vacarme
Je parle de la tienne et de la mienne
Je ne parle pas des cités vietnamiennes
Je ne parle pas des villes en ruptures
Je parle des campagnes et des cultures
Je parle des traditions de la créature
Je parle d'où sortent mon père et ses femmes
Où on grandi avec des lampes et des flammes
Tous les jours, on laboure, on cultive
Dans une patience aussi objective
Et l'enfant au dos de son père
Chantant les histoires de grand père
Pour la chasse et pour les vignes
Et pour la pêche avec des lignes
Je parle des cases du paravent
D'où sortaient tous nos enfants
Traversant des routes ferroviaires
Pour l'école et pour la rivière
Où on se retrouve au ton des oiseaux
Et se sépare au ton des corbeaux
Où on dort aux cris des hiboux
Jusqu'au chant d'un coq débout
Et des cigales chantant la vie
Où l'Afrique vie et même l'Asie
Dans la paix et la fierté

Dans l'amour et l'humilité
Où tout est libre entre nos mains
Et on vit du jour au lendemain
Où plus on va, plus on reste
En sècheresse de toute peste
Où on éduque sans maîtresse
Tous les enfants en détresse
Où on croit qu'on est pauvre
Et vit comme des chauves,
La face pleine de mauves
Mais on sait qu'on est riche
Car on vit comme des biches
Et dans une ruche incomplète
Où tous la comblent et complète
Où le paysan nourrit et éduque
Ses enfants qui truquent
La sagesse qu'il donne
Sur un ton qui raisonne
Où on apprend à produire du riz
Qu'à consommer du riz
Où on nous apprend à semer du blé
Qu'à manger du blé
Où on apprend à allumer du feu
Qu'à éteindre le feu
Où nos mères enseignent la cuisine
Sans même connaître les usines
Et nous donnent des vraies nourritures
Sans même connaitre l'écriture
La nourriture des valeurs culturelles
Et aussi les nourritures spirituelles
La nourriture sainte et la nourriture divine
Celle du sucre innocent de nos vignes
Où la porte est toujours ouverte pour nous
Surtout quand les autres se moquent de nous
Pas de location, pas de facture
Pas besoin de compte ou rature
Pour y vivre en rupture
Des êtres qui pourchassent
Les plantations dans la chasse

Pour une vie de stabilité
Et d'extrême tranquillité
C'est de là, que viendront toutes les richesses
La source de toutes les vertus et sagesses
Pour toi africain, pour toi asiatique
Qui pleur et veut vivre sans critique
C'est de là que tu marcheras tête haute
Fusil chargé contre toutes les fautes
Pour le vrai chemin de l'espoir
Le vrai combat et les vraies victoires

L'ENFANT UNIQUE

Une maman qui voit partir
Son seul trésor

Je me souviens
Ces morceaux d'ancres et de glaces
Des pleurs et des cris
C'était une sirène d'hommage
Ton trésor, ton espoir
Ta raison et que sais-je encore ?
T'abandonner, coulant des larmes
Ton fils unique, ta fille unique, ô chère maman
La vie nous réserve des chagrins et des malheurs
Il y a des saisons où tout parait obscur

Maman je suis malade, je vais te quitter
C'est ma dernière parole
Je ne veux pas que tu sois triste
Dieu m'appelle, maman ne soit pas triste
C'est mon adieu, je suis désolé mais je pars
Je sais que tu as besoin de moi
Mais le regard du docteur me le dit
D'ici peu, je dois m'en aller
Mon âme me menace, ta chaleur m'échappe
Je lis dans tes yeux, ce que signifie le mot "amour"
Une émotion qui fracture le cœur, lorsqu'on la voit partir
En si peu de temps, la vie te dégoutte, la vie m'abandonne
Mes confidences s'évanouissent dans la solitude
Je n'ai aucune barrière, pour stopper la violence de la mort
J'ai pitié de tes mois de misère, de tes années de combat.
Mais très bientôt, j'appartiendrais au camp des disparus
Je me souviens de nos éclats de rire
Toi seul savais deviner mes angoisses
Mes mots malins, mes gestes aveugles
Que c'est difficile à dire !
Que c'est dur de comprendre !
La puissance de la douleur
J'entends ma mort prochaine

Toi seul peux me comprendre
Je n'arrive pas à exprimer ma peur
C'est plus fort que moi
Je sais que je pars
J'abandonne mon parfum et mon amour
J'ai soif, maman!
J'aurais voulu grandir
Te donner des petits fils, des petites filles
Ta tendresse, ton amour, mère!
J'aurais aimé les donner à tes petits enfants
La mort nous trahit, pour mes promesses
Je suis désolé mère
Tu étais mon ange, tu balayais mes cauchemars
Tu m'as donné toute ta tendresse et tout ton amour
Je t'aime, ma très chère maman
Jour après jour, tu as toujours veillé sur mes pas
Maman! Je pars, je voyage, je n'ai pas choisi
Je suis désolé, je t'aime
Entre tes mains, j'aurais voulu tout recommencer à zéro
J'aurais voulu prolonger ma vie
Mais ma fin s'approche, c'est là
Maman! Je t'aime, je t'aime, mais je meurs
Je pars, ce n'est pas de ma faute
Malgré tout, très bientôt, mon absence sera éternelle
Dans un instant, ma vie va s'arrêter
Je ne pourrais plus te parler
Ni entendre ta sublime voix d'amour
Tu ne me verras plus jamais
Seulement dans tes rêves
Je rêve, chaque seconde qui passe
De mon absence qui m'appelle
Mon enfance me manque, ma mission s'achève
Ma place ce fane, le père m'attend
Mère, même au ciel
Ta place sera toujours dans mon cœur
Tu restes la femme la plus merveilleuse
Que DIEU te bénisse

ESCLAVES DE TEMPS MODERNES

Des peuples domines et manipules
Des enfants abusés dans la liberté

Afrique! Afrique! Afrique!
Peuple historique
Continent de couleur
Société noire
Afrique! Afrique! Afrique!
Peuple dominé et exploité
Peuple envahit et colonisé
Tes richesses transférées
Tes fortunes détournées
Tes biens détruits et privatisés
Ta terre occupée
Ton sol envahit
Dominé et transformé
Tes fils arrachés
Tes filles et enfants enlevés
Où est ta dignité?
Où est ton autonomie?
Où sont passées ta fierté et ta liberté?
Coup de canon par ci, coup de fusil par là
Du sang, des larmes, des pleurs, des cris
Il n'y a pas moyen
Education truquée, économie bafouée
Ta vigueur, ta splendeur, où sont-elles ?
Des pleurs au fond de nous
Après des années et décennies
Toujours esclaves, pourtant libres
Aux balles, on livre tes enfants
A tes enfants, on livre des armes
Pour s'attaquer et s'entre tuer
Quelle jungle!
Quelle misère!
Quel enfer!
Ton peuple demeure prisonnier dans la liberté
Néo colonisées et maltraité

Tes dirigeants hypocrites, ingrats et in gris
Tu restes sombre, dans l'obscur et le néant
Que de brimades, que de discriminations
Des vexations, la gérontocratie qui subsiste
Des nations mortes, des jeunes sans délivrance
Quel espoir!
Quel essor pour tous ces jeunes qui pleurent
Pour tous ses enfants, qui saignent sans assurance
Que font tes élus?
Quelle est leur devise?
S'enrichir à tout prix et à tout les prix
Que d'enrichissements illicites
Des spéculations de part et d'autre
Des distractions, des diversions et des émeutes
Quelle mission?
Tes jeunes, tes enfants instrumentalisés et endormis
Quel futur pour tes gamins!
Mère de l'humanité, mère Afrique.
Tes enfants pleurent
Pour une Afrique masquée, menottée et emprisonnée
Des insurgés, des immigrés, toujours manipulés
Tes élèves, tes lycéens, tes étudiants, quel avenir!
Ta paix, ta dignité jusqu'à quand et comment?
Toujours des belles paroles
Comme ces abstractions sans issus
Tout est parole, tout est abstrait, tout est obscur
Ouvre tes yeux, réveil ton DIEU, envoie tes anges
Comme le vent, comme le métro, comme l'orage
Les enfants naissent, partent et disparaissent dans la misère
Le monde s'envole, tout est aveugle.
Quelle communauté internationale!
Quelle organisation pourra t'unir?
Regarde mon sang, regarde mon peuple
Regarde l'Afrique qui se meurt et qui morfond
Que d'ancre, que de salive, que d'abstractions
Quelle erreur!
Quelle confusion!
L'indigence, la pétulance
La barbarie et la sauvagerie

Quel mystère?
Sous le ciel, au soleil et dans la pluie, le monde chante
L'Afrique danse au rythme des puissances qui cadencent
Comme tous ces êtres sous informés et déformés
Comme toutes ces têtes creuses sans instruction
Comme tous ces volcans, sans lave ni chaleur
Comme le train, qui s'en va, sans locomotive, ni wagon
Comme toute cette terre, sans justice, sans justicier
Comme ce continent sans pouvoir, ni liberté
Des systèmes claniques, des politiques parallèles
Des gouvernements étroits, des mascarades étatiques
Des états sans défense, sans gouvernance, sans démocratie
Chère continent réveil-toi, lève-toi et libère-toi!
La nuit paraît longue, l'avenir t'attend
Tes enfants te regardent sans espoir, sans victoire.

MES CROYANCES

Ma conviction et ma foi
Mes perpétuels mirâtes

Je crois en DIEU
Je crois en la lumière
Je crois en la grâce
La bénédiction et la foi
Je crois au miracle
Je cois à la providence
Mon miracle, ma providence
Sont, ma foi et ma conviction
Je crois en moi-même
Je crois en mes efforts
Je crois en mes espérances
Je crois en mes désirs
Je crois aux autres
Je vis la sincérité et la rigueur
Pas de marteau, pas d'enclume, pas de cobras
Je vis par mon cœur, par ma vision, pas d'embarras
Ma vie c'est la lumière, la confession, les prévisions
Je crois en l'union
Je crois en la prospérité et la domination
Je vis dans ma pensée, dans ma raison et dans la parole
Je pense ce que je crois, je crois à la révélation
Je crois au père qui est aux cieux
A tous ce qui m'entoure
La médisance, la haine, les rancœurs
Je me bats contre la jalousie
L'indigence et la pétulance
Je me lève tôt, je prends des risques
Je livre des vraies batailles
Dans mon enfance, je vis
Ma foi et ma conviction
Je suis un petit adolescent
Je sais mes croyances
Autour de moi j'ai des encres et des ténèbres
Il y'a des grands adultes qui croient savoir

Ma nourriture s'est ma bataille
Se battre ou lutter ensemble
Se battre pour de bonnes causes
Je changerais le monde
Et le monde pourra me changer
Peu importe le destin
Je suis une âme bien née
Je pleure pour la paix
Je cris la réconciliation
Le pardon et l'union
J'invoque ce qu'on aime
La fraternité et l'amour
Aujourd'hui, n'importe qui
Peut dire n'importe quoi
Mais dans ma vie de fer
Seul mon cœur à raison
Et j'y crois, et j'en ai foi

J'ai décidé de partir
Mon cœur me le dit
Je vais pour le meilleur et pour le pire
La vie nous offre tout
Des jours qui sont comme des siècles
La vie c'est la connaissance
Dans cette vie de terreur
Chaque goutte d'eau est un océan
Chaque goutte de larme
Est un fleuve de sang
Lorsque mon âme rejoint mon esprit
Je crois que je me sens seul
La prière me guide et remplit ma mémoire
Elle dirige mon cœur et mon esprit
Elle préserve mon corps des souffrances
Et garde mon âme de tous les troubles
La parole, c'est ma subsistance
La parole, c'est mon épée
C'est ma charte c'est ma boussole
Quand je rêve, le ciel ouvre ses portes
Quand ma foi rejoint l'onction

Tous les discernements m'aspirent
Les portes des ténèbres me sont révélées
Je crois au paradis, je crois à la gloire
Je crois au dessein, je crois au festin
Je crois aux délices, je crois à l'éternité
Je cois à la liberté et la responsabilité
Je poursuis mon but et je nettoie mes souvenirs
Je glorifie mes efforts, tous concourent à mon bien
Je crois aux vraies missions
Je reconnais mes pas indignes
Je crois à la crucifixion
Je crois à la justification
Je crois au seigneur
Je reconnais le sauveur
Et jour pour jour, je le reçois
Je crois au christ et à l'écriture
Je crois que j'ai la vie, par son nom…

AFRIQUE, QUEL FILM OCCIDENTAL

L'imposture et la forfaiture
Le pouvoir et l'argent
Adversités et irrégularités
Quelle dignité chère mère!

D'où vient l'Afrique?
Où est l'Afrique?
Où va l'Afrique?
Avec tous ces mômes
Qui naissent tombent et pleurent
Dans un tunnel brisé
Et une sphère en ébullition perpétuelle
Mon Afrique meurt, mon Afrique se déchire
Le monde observe et l'occident arbitre
Quelle connerie la politique!
La communauté internationale décorne
Des édifies tombent, des jeunes aussi
C'est la protection quelle imposture !
Afrique qui es-tu ?
Que deviens-tu ?
Et tes richesses ?
Et tes enfants ?
Au nord dans le sud, à l'est et à l'ouest
La tempête passe, le mal devient pire
La forfaiture, la calomnie tous se marrent
Même tes gamins innocents

UA, CEMAC, CEDEAO…
Qui sont-elles?
Que font-elles?
Les puissants deviennent puissants
Les faibles s'affaiblissent
La politique, la démocratie
Sont des véritables mangeoires.
Les gens pour qui la démocratie est la liberté et la dignité
Les mêmes nous apprennent que c'est manger et dormir
On se bat pour se tuer et puis mourir

Cependant, le monde nous observe
Africain Libyen, Asiatique palestinien… qui subit?
C'est toi, c'est ton âme, ce sont tes proches!
On te donne des armes et tu te donnes aux armes
Pour eux qui croix t'aider comme communauté
La peste, on reste et on nous avale
Quelle Afrique ?
Où en enfer, on porte la croix du paradis
Tout çà, le monde nous regarde
On parle de communauté internationale
Une communauté qui nous aide et creuse notre tombe
Une communauté qui nous dit que l'or c'est le pouvoir
Ils nous apprennent qu'on aime quand on meurt
Une communauté qui nous fait sentir chaud, quand il neige
Des gens qui nous aiment et aiment nos ennemis
Des gens selon qui l'amour est un crime pour l'Afrique
Des gens pour qui, l'argent et le pouvoir sont nos paradis
Ils nous vendent les épées et les vendent à nos ennemis
Ils nous donnent par la fenêtre et amassent par la porte
Ils nomment nos chefs, les destituent et les condamnent
Ils nous donnent à manger et causent la crise alimentaire
Ils nous donnent des couteaux et attaquent par des charres
Africa, Africa ou va ton humanité?
Ta jeunesse combat pour s'en sortir
Mais, tes dirigeants se battent pour la livrer
Quand on marche pour la liberté, ils nous attrapent
Ils nous tuent pour le pouvoir et l'argent
Lorsqu'on marche pour la prospérité
Ils nous étudient pour leur égoïsme
Ils luttent pour nous privatiser
Quand on cherche l'intégrité
Ils nous instrumentalisent
Ils cherchent à nous utiliser et à nous manipuler
Ô Afrique! Ta terre sèche, le peuple meurt
Le monde observe
La communauté internationale décorne
Elle se moque de nos efforts
Nos politiciens nous maltraitent
Ils nous opposent et tous applaudissent

De Djibouti en Côte-d'Ivoire on pleure
Des pucelles et mineurs dans la prostitution
De la Palestine au Pakistan, c'est la panique
A tout moment, la vie s'arrête
Ils ont importé la corruption
Aujourd'hui, ils parlent de transparence
Ils ont importé la dictature et l'anarchie
Ils ont proposé la démocratie et la diplomatie
Pour mieux nous diviser, on partage des pouvoirs
Ils nous parlent de bonne gouvernance
Pour nous endormir et nous assoupir
Ils parlent d'administration pour nous engourdir
Au secours! Réveillez-vous où va le peuple ?
Aux bras des Babylone ?

MES PRINCIPES ET MES EMOTIONS

La vie commence et s'arrête
A chaque instant

Des enfants naissent dans la douleur
On grandit la tête haute et aspire à la vie
La vie c'est le combat c'est vrai
Mais on vit pour mieux vivre
La vie, c'est une leçon, et on vit
On lutte, on grandit, on s'arrête
Puis on se demande bien où?
La vie est fidèle, la vie est unique
Ce qui diffère c'est la condition
J'ai lutté des armes blanches évitant le mal
Le pire me suit, les brimades me marrent
J'ai appris aux pûtes de sages
La vie c'est mes émotions, c'est mes principes
C'est ce qu'on croit, c'est ce qu'on sait
Des vexations à gauche, des blessures à droite
Même la famille est indigne de préférence
Je livre le vrai combat dans la patience et l'endurance
Dans la vie, il faut être dur
Mes émotions sont mes chutes
Après l'émotion, ce sont des regrets et des larmes
Avec l'émotion, la sensibilité comme vertu
C'est encore grave, les regrets et les espérances
Dans la vie, il y'a des principes

Mes principes sont mes lumières
Dans ce que je dis
Je n'ai jamais su comment décorner
J'ai grandi dans des coups de gueules
J'ai des familles froides, des monstres froids
Des parents insensibles et durs
Des tonnerres, des brimades à tout instant
Comme un commando
Avec des kilos au dos
Des coups de matraques, des représailles

Comme un mercenaire qui se plaint

Le monde,
C'est dans ma prison de chambre que je la vis
Chez moi et même ailleurs, la vie est une location
Vivre pour un matin, partir
Sans rien prendre du tout
Vivre où tout semblait être fait
Mais tout restait à faire
Je suis adolescent, mais au moins çà, je le sais
Je suis un homme, mon enfance ma porté
Chaque jour qui passe, je rêve de mon enfance
Vivre comme si la vie s'arrête à chaque instant
Je suis grand, car je sais une chose, la mort m'attend
Je sais que, s'il existe une sagesse, c'est moi
Je sais que dans la vie, chaque goute d'eau est un océan
Je connais le vrai sens de la connaissance
C'est ce qu'on sait, c'est ce qu'on vit, c'est ce qu'on est
Ma connaissance, c'est mes principes, c'est ma vision
Ma connaissance c'est mes expériences
Je connais ma liberté, je connais ma fierté
Je connais ma justice, je connais ma dignité
Ma sagesse c'est ma leçon, je la tire de toute chose
Je suis grand, j'ai de la hauteur, c'est là mes principes
Devant tout, c'est comme une autrefois
Mes principes sont la dureté et l'insensibilité
J'ai de la grandeur, j'ai de l'immensité
Mon principe c'est ma prospérité
Dans mes principes j'ai la vérité
J'ai la perfection et la vie
Dans mes principes, mon casque est méchant
Je suis froid, insensible et très dur
Dans mes principes, mes actions rendent malade
Dans ce que je dis, ma présence est amère
L'amertume c'est ma vie
Dans ma grandeur, l'immensité est divine
Dans ma vie l'émotion c'est ma honte
Vivre par le cœur, comme si la vie est une folle
La vie a des caprices, et des épreuves

On est encore plus fou, quand l'émotion nous anime
C'est la chair, c'est le sang, très souvent, je marche dessus
Dans la vie, quand les principes nous animent, on vit
Elle parait presque vide, surtout sans cœur
Je le préfère, surtout quand le cœur est enlevé
La chair parait castrée, le sang parait colorié
C'est la connaissance, aucune souffrance morale
Ma fierté, c'est ce qui me reste
Ma pensée, ma raison, surtout mes principes
Mes souvenirs sont mes yeux secs
Mes souvenirs sont mon sang froid et ma parole d'épée
C'est ma sagesse et jamais
Je ne me demande pourquoi?
Sans peur, ni crainte, je le sais
Personne n'a de sort extra ordinaire
L'épée a tué, la guerre a tué, même le politique tue
C'est le chemin de tous, toute existence meurt
Après tout, c'est la mort, c'est le sort de tout le monde
Je sors le matin, je reviens le soir.
Peut-être, c'est une autre folie.
Ma vie reste ordinaire.
Si je parts, ce qui reste sont mes principes, c'est ma justice.

CŒUR ET SOURIRE D'ESPOIR

Le chemin, la vérité et la vie
D'une nation qui espère en toi

En avant, en avant, excellence
Pour tous tes gestes, DIEU observe
Pour tes merveilles et tes bienfaits
La jeunesse de ton pays trouve une épaule
Tes sourires, tes paroles, tes espoirs, tes espérances
Tes œuvres, tes actes, ta nourriture nous tiennent debout
Hier, élèves, étudiants étaient sans futur, sans espoir
Par toi, le peuple trouve l'espoir
La jeunesse trouve son compte
Tu es la boussole, l'épée et la lumière
Pour tous ces jeunes qui bataillent comme vengeance
Tu nous guides, tu nous réconfortes
Tu nous encourages dans des vraies missions
Tu es par la vie et pour notre vie
Nous t'apprécions, nous sommes debout
On te voit, on te parle, on t'entend
Ta politique est la vision et la charte du citoyen
Tes œuvres, tes actions nous éclairent le chemin
Ton dessein, c'est notre bien, notre gloire et notre salut
Notre prospérité, notre paix et notre stabilité
Nos aveux sont tes vraies missions
Ton gouvernement est un paradis de gloire
Ta salive est un océan de délices
Impliquant la plus haute responsabilité
Le peuple tout entier est débout, il chemine avec toi
Un chemin d'entrailles, récompensant les grands efforts
Entre tes bras, un paradis est trouvé
Dans ta voie, le couloir de l'accomplissement s'ouvre
Nous étudiants, nous élèves, te disons "En avant"
Pas de formule miracle pour reconnaitre
Aucune phrase magique comme remerciement
En avant, en avant, son excellence
Les portes des manipulateurs
Des hypocrites sont révélées

Tes préceptes, tes récits, tes décisions
On y croit, car irrévocable et sagesses
Tes sourires de promesse, sont sources d'espoir
Tes ambitions de géant sont locomotives
A ton peuple, tu as ouvert un grand cœur
Un cœur qui construit et qui bâtit
Un cœur qui conduit et qui avance
L'espoir de tes enfants
C'est la joie et ta dimension
Que l'or et l'arc-en- ciel t'accompagnent
Tu nous conduis dans l'arche
Rien, ni personne, pour la détourner
En ta politique, que de croyance
Que de foi et de conviction
Tu sais prêter l'oreille à la jeunesse
Jamais, tu ne t'es dérobé à nos supplications
Tu nous as offert, les plus grandes chances de la vie
Ton amour comble nos craintes et nos angoisses
Sur ton chemin, tout se tien debout, tout s'affranchit
Le jour, la nuit, on sourit, on gémit et tu entends nos voix
Quelle merveille ! Quel réveil !
Ailleurs, les enfants meurent de guerre, du SIDA et choléra
Les génocides et les tragédies les ravagent
Son excellence ! Tu es sublime !
Dans ta paix, dans ta stabilité, pas de sang, pas de larme
Enfants, orphelins, veufs, tous entre tes bras
Pas de peur, ni de panique, rien n'a pu nous arracher
On s'en fou, des scélérats, sans espoir, sans futur
Ils nous achètent, ils nous instrumentalisent
Après tout, ta gloire triomphe
Nos destins et nos missions, seul toi nous y conduit
Nous, jeune citoyen, en toi la foi, la conviction et plus rien Par
toi, nos vœux, nos rêves sont réalités
Dans ton arc-en-ciel, assez d'art pour aller de l'avant
On y va, jusqu'au bout, seul toi avec nous
Pour nous comprendre et nous guérir
Tu es " lion", ta conviction nous couvre des diversions
Par tes gestes du cœur, toi seul sauve nos espoirs
Le seul qui guide nos pas, dans la prospérité

L’unique qui nous accompagne dans l’accomplissement
En tes ambitions, en ta course
Ceux qui t’on cru, achèvent toute dimension
Dans ta synergie, tes innovations, les pistes s’ouvrent
Même si le chemin s’éloigne, l’obscurité se dévoile
Avec toi, tous nous sourions
Ton souvenir subsistera éternellement.

CARTE D'ELECTEUR

Cette pièce qui marche avec nous
Et plaide souvent contre nous

Je suis en quête d'une pièce
Qu'il me faut porter à temps et à contre temps
Pour pouvoir exprimer ma volonté
Pour dire mes choix et mes convictions
Pour gouverner, subsister et subir
Je la porte et m'approche tête basse
Le cœur plein de honte et de rage
Dans une nation dite stable et en paix
C'est une inscription, une liberté
Comme une démocratie libérale qui marche
Avec nous et souvent contre nous
C'est la carte d'électeur, quel joliment!
Avec au pas, dans un camp, souvent ça marche
Dans un autre camp, on est hors jeu
Comme clandestin ou étranger chez soi
Parfois des mois de taule et des brimades
Souvent c'est fort, c'est dur
Cette pièce contraignante
Obligations par ci, divisions par là
Comme expulsion manu militari
On parle de campagne, et d'élection
Ah! Mon DIEU !
Que c'est dur la démocratie !
Surtout, quand on est du mauvais côté
Répondre aux questions, avoir des pièces
<< De quelle région viens-tu? >>
<<Que fais-tu dans ta vie ? >>
<<Que font tes parents ? >>
<<As-tu un domicile fixe ? >>
<<Par quels moyens existes-tu ? >>
<<Pour qui combats-tu? >>
Et ce gentil homme, ce contrôleur
Ce bon juge, ce juge d'apparence
Au cœur ouvert, ne cesse de dire

<<Mais il te faut ceci ! >>
<<Mais te manque cela ! >>
<<Il te faut une carte ! >>
<<C'est gratuit ! >>
Des rendez-vous, s'abusent
Quand les délais sont à termes
La comédie continue, le jeu s'avance
Ainsi, à chaque seconde, c'est le renouvellement
Des angoisses, des tensions et des émeutes
Pour cette pièce sans laquelle
Tu es un citoyen jugé indésirable.
Tu veux un service ou une requête
On te demande ta carte
Pour te révéler, t'exprimer et dire tes aveux
On te réclame ta carte d'électeur
On fait trotter puis, on exige des certificats
Comme tous les autres, chacun de son côté
Maigrissant en silence, le ventre qui s'explose
Une colère muette déchirant les consciences
On se cache, on s'abat pour peur d'être révélé
On veut s'en sortir par des informations requises
On s'aligne du levé ou couché du soleil
On cherche, puis c'est la surprise
Il te faut plutôt ceci !
Il te faut plutôt cela !
Quand on s'affranchit, c'est un scandale
On veut comprendre, mais il n'y en a rien
Il s'agit d'accords, d'adhésion au parti
Des chartes, bien claires et nettes
Bien conclus dans des intérêts bien compris
Comme aux partis et aux leaders
Puis on s'aligne, puis on coure
C'est une chanson originale
Ibrahima Dieng avait raison

AMOUR ET CHARLEUR PERDUS

Un enfant sans boussole
Sans épée, sans chaleur...
De sa mère partie
Emportant tous son amour

Jai hâte de me battre et continuer à souffrir
Je cherche refuge au milieu des anges
Mon bonheur est resté un souvenir glacial
Tout mon amour se trouve dans le camp des disparus
Des souvenirs fragmentés dans un cœur arraché
Un enfant qui pleure son amour perdu
J'ai vu se battre et partir la chaleur d'une mère
J'ai vu s'envoler l'amour et la tendresse d'une femme
Le plus grand amour, celui de maman
Celui de ma mère.

Depuis le jour qu'elle a fermé les yeux
Dès cet instant, j'ai perdu toute ma foi
Seul au monde, le cœur fracturé
Pas même un seul réconfort
J'ai perdu, ma plus grosse puissance
Ce qu'on a de plus cher au monde
L'amour de maman
Un amour perdu
C'est celui, qui faisait ma force
Et qui guidait tous mes pas
La nourriture qui me tenait debout
Mon réconfort quand dans mes épreuves
Un amour qui encourageait mes efforts
Qui dirigeait mon cœur, qui guidait mes voyages
Mon bâton, quand mes os se fragilisaient
Cet amour fut ma lumière
Mais depuis son départ, je vis sans boussole
Je combats comme sans épée
Je n'ai que mes larmes et pleurs
C'est tout ce qui me reste depuis son absence

Je pleure, je suis seul dans un désert
Je suis triste, j'ai peur, j'ai soif, j'ai faim
Maman ! C'était toi mon ange.

Quand je cherchais la vie, tu as été toujours là
Tout le temps, tu as prié, pour que jamais, je chute
Quand les mystères m'avalaient
Quand j'avais besoin d'élan
Tu ne t'es jamais lassée d'amour pour moi
Tu m'as toujours ouvert la porte
Ta mort ne s'effacera jamais
Ton départ ne s'oubliera jamais
Tu m'as bâti avec amour
Tu m'as élevé de tes mamelles
Tu m'avais toujours donné la plus grande chaleur
L'amour que personne d'autre ne me donnera
Tu m'as laissé avec amour
Même si tu ne reviendras jamais
Ta place reste toujours dans ma vie
Même dans les cieux, tu restes la seule
Même si je quitte la terre
Même si je viens au ciel
Ton nom règnera pour toujours,
Car ton amour était illimité
Ta place demeure dans mon cœur
Ton nom est ma force pour triompher mes obstacles
Même si je me heurte, tu es toujours près de moi
Pour m'ouvrir la porte et éclairer mes voies
Pour me montrer le chemin et guider mes pas
Ton âme maman ! C'est ma lumière
Même si la vie m'enseigne des choses, au dessus de moi
Même au ciel, je frapperais ta porte
Et je sais que tu m'ouvriras
Elle restera toujours ouverte pour moi
Tu fus la femme la plus merveilleuse du monde
Et ton amour, fut le plus merveilleux
Que ton étoile brille dans le ciel
Et me montre les grands chemins

DES ESPOIRS BRULANT

Un humain au cœur traqué
Aux espoirs incendies

Il y'a des drames qui détruisent tout nos souvenirs
Des évènements qui sortent d'autres de nos mémoires
Des situations qui nous stoppent continuer notre envol
Il y'a des réalités qu'on ne s'attendait pas à vivre
Des providences qui font de tous nos efforts des illusions
Je n'ai pas de langue pour dire la puissance du chagrin
Dans ta douleur, j'ai découvert le vrai sens du mot malheur
C'est une blessure, de l'amertume et une terreur
Je me souviens de ce jour en hiver...
La fumée et les cendres ont ravagé tous tes espoirs
Dans tes yeux, j'ai connu vraiment le mot peine
Je n'ai jamais pu expliquer l'inexplicable
Pas de parole sobre pour consoler un cœur brisé
Je n'ai eu qu'un "tissus" pour essuyer tes larmes
Je n'ai trouvé que ma main pour poser sur ton épaule
Je n'ai trouvé que mon temps pour partager ta peine
Je n'ai vu que ma présence pour diminuer tes angoisses
Je n'ai trouvé que ma prière, pour t'accompagner
En attendant que le futur se dépêche de jouer son rôle
Je n'ai pas de phrase miracle capable de soulager ta peine
Rien de magique parmi les paroles qui se versent
Je n'ai que ma présence, pour t'aider dans ta souffrance
Dans mon cœur, je grandi en silence
Je n'ai trouvé ni rituel ni breuvage pour réparer ta fracture
C'est dur, mais la vie nous réserve tout
Il faudra suffisamment du temps, pour des cicatrices
Il était écrit que des larmes, tu en verseras
Mais tu as su garder ta foi et tes convictions
Je t'admire de ton grand courage
Tu traverses la plus dure épreuve
Dans ce paradoxe, tu avances la tête haute
Dans ton mystère, tout me semble utopique
Tout est comme ces mots qui coulent sans espoir

Cependant, les années passent et conduisent tes efforts
Ta force, ton courage m'inspirent confiance
Tout a changé, toi aussi
Ta vie ne serra plus la même
Car ta richesse, ta raison, ne viendra plus
Mais dans ta patience tu espères
Dans ta persévérance tu grandis
Des étoiles brillent dans les cieux
Pour t'éclairer les voix et te montrer le chemin
Garde espoir, car c'est pour çà qu'on combat.

LE MARTEAU ET L'ENCLUME

La vie fait mal
Comme le marteau
Comme l'enclume

Je me souviens d'une douleur, d'un bonheur
Ce fut un soir, sous les pleins brillants du soleil
Un bonheur arrivait, une douleur persistait
C'était une première fois, on dirait que c'est la dernière
Un trésor qui faisait mal, très mal, trop mal
C'était un nouveau né, une grande fierté
Un vœu que DIEU exhaussait
Il savait que la vie, c'est devait lui faire mal
Tout commence par un parfum d'hésitation
Tout danse, tout recule, des soucis des angoisses
La tendresse, la chaleur nous ouvrent les yeux
Elles nous donnent du goût pour une vie mystérieuse
Elle parait merveilleuse et sublime, c'est un bon départ.
Plus on marche, la vie parait unique, la vie parait tranquille
C'est un extrême équilibre, tout s'apprend, tout se prépare
Tout est devant, tout est à venir, tout arrive...
Trop de stabilité, la vie c'est "or", la vie c'est "coule"
Jamais, dans les rêves, l'autre côté de la vie est existant
Tout coule, tout est liquide, rien n'est à craindre
La tête, la santé, le ventre sont le seul souci qui nous mare
On dirait que la vie c'est une école, c'est encore la "SIL"

Les yeux s'ouvrent, les angoisses grimpent, le souci monte
La vie devient chronique, la vie devient panique
La vie devient divergente, les bitumes nous font transpirer
La dureté des hommes commence, les fatalités à gauche...
C'est le début des cours encore élémentaires de la vie

La vie a des faces, la vie à des pièges, le futur reste proche
Je serais comme papa, je serais comme maman
Je serais comme le maître
Il faut du cœur résistant et de la persévérance
La vie va nous faire mal, très mal, beaucoup trop mal

Plus encore on connait sa classe, on connait les autres
On voudrait être comme eux
La classe des balayeurs, une autre où chacun est "roi"
C'est la panique, c'est la guerre, c'est la foudre
C'est la tempête, des larmes et du sang
La vie commence, c'est sa vraie face
Ce sont des cours moyens de la vie

On sort, on part, l'horizon charme et attire
On voudrait tous être au ciel
Les familles se divisent, on trouve des amis
Tout dévient dérisoire et illusoire
Tout devient illogique, tout devient malheur
Le miracle, on y croit plus du tout
Des larmes coulent, du sang se verse
Et le cœur devient dur
Le mental devient résistant
La vie nous rend persistant
Peu à peu, on s'approche de la vie, la vie nous affranchit
Tout devient logique, même en mer, on passe nos nuits
Sur des arbres, on passe des jours avec nos proches
Chacun devient sa propre famille
Plus on persiste, plus rien ne nous impressionne
Chacun est mieux, car il n'est jamais seul
La main à la pâte, on devient soi-même la vie
On apprend à être la vie, on apprend à pleurer sa vie
On peut mettre face à face, ses regrets et ses exhortations
Quand on est sage, c'est l'arrivée aux cours moyens deux

On peut croire que la vie nous a dégoûtés
On devient soi-même, un pêché de la vie
On comprend qu'en réalité, la vie c'est un combat
On cherche les armes, et les puissances pour la combattre
On apprend à oser, et à supporter les coups
On s'apprête pour un quotidien plus dur
Supporter les autres, nous supporter nous-mêmes
La vie devient cicatrice, on devient dur et sec
Le corps, le sang, les souvenirs sont tristes
Nous venons tous d'une même contrée,

La jungle, des grosses têtes
Des gros bras, chacun se cherche
On rit, on pleure, chacun à son tour, il n'ya pas de sage
Souvent, on se retrouve, on partage les émotions
On se partage souvent des témoignages
Peut être qu'on se prend en main
Peut être qu'on prend des risques.
En effet, ce n'est pas encore trop
Tout reste abstrait, tout dévient théorique
C'est ça mes pleurs, c'est ça mes larmes
Plus rien d'extraordinaire, à tout, on s'attend...
Des pleurs, on ne le fait plus
Car pour tout, on la déjà fait
Tout ce qui fait peur, c'est le pire mystère de la vie
A chaque instant, c'est la fin du monde
Un monde où la vie commence et s'arrête tout le temps
Des moments où tous nos proches partent
Un monde où on devient de plus en plus seul
Même les émotions, on les partage seul
Mais s'habitue à le faire avec soi- même
Un moment où les parents nous lâchent et nous jettent hors
Ici, rien ne nous affecte, même notre propre malheur
Ici, on dort dans des balles qui pleuvent
On vit dans des bombes qui chantent=
C'est d'où on vient
Ici, tout est noir, quant au cœur
Il demeure insensible et dur
Ici, on n'a peur de rien, même du ciel, on s'en fou
Ici, personne n'est sage, le sage est au ciel
Ici, la vie nous blesse à tout moment
Quant aux hommes, ils nous blessent plus
Tout devient sévère, personne n'est exclut
La vie est devenue très injuste
Des hauts et des bas, couronnent nos efforts
Des accélérations et des chutes deviennent nos rythmes
On devient ce qu'on ne sait pas
Mais ce qu'on sait on ne devient presque pas
A force de se battre, on se dit que le destin s'éloigne
A force de lutter, on finit par combattre son destin

A force de partir, on finit par traverser son destin
A un moment de la vie, on se dit
Que le destin n'existe pas
La vie c'est la sueur, la vie c'est le sang
Rien ne décale, elle reste surplace
Tous ce qui nous reste, sont nos charges et nos surcharges
Certains nous quittent, on reste avec les autres
On se souvient de tout, on cherche encore des places
En attendant que notre heure sonne.

AMOUR ET SINCERITE

Connais-tu l'amour ?
Crois-tu en l'amour ?
Vis-tu l'amour ?
Comment ?

Les jours passent, je lève les yeux et je rêve plus
Près de toi, j'aspire ton odeur et ton charme
Mon âme beigne dans un parfum d'or
C'est un parfum rare, l'éclosion d'une fleur rose
Je Prends de l'air pour dire mes aveux et en exprimer plus
Pour te conter mes émotions et t'avouer mes sentiments
Te dire mes réalités, t'exprimer mon estime
Ça arrive, ça creuse, c'est riche et souvent rapide
Sans tambour ni trompette, on chante
Le temps nous aspire, l'envie grimpe
Quelle désire ?
Quelle passion ?
La lucidité, la panique, la raison et enfin, rien du tout
Franchir les murs, accomplir ses désirs, peur de pouvoir
Le sais-tu?
Être à la hauteur, ne suffit pas de réussir
Des mots s'envolent, des phrases se vident
Tout reste tourment
Un sentiment, quand il est sincère, c'est dur d'exprimer
Dans le regard, face à face, on peut tout dire
Quand la peur s'étale, la panique s'installe
L'incertitude avale toute la flamme du cœur
On est diabolisé, on est plaqué, on est répudié
Il ne le dit pas, il arrive tout seul, il se vit, il grandit
Ça commence comme désir, comme passion
Quand la puissance s'installe, ça devient une mission
Je le lis, je le vis, j'aspire encore plus
Le sourire au visage, échanger les émotions
Je crois partager le plus ultime et intime moment de la vie
Fermer les yeux, ouvrir son cœur, écouter sa flamme
S'accepter, se découvrir et se connaître
Se regarder, se comprendre et s'admettre

Les défis, les folies, la sincérité et la volonté
Le miracle, la magie, seul la puissance, pas de formule
Dire le cœur, dire les sentiments, vivre ensemble
Quel destin ? Quel festin ?
Quand on aime, les épines sont des fleurs
Il faut croire, un peu d'espoir et se permettre quelques…
Connaître l'amour, croire en l'amour et vivre l'amour
Et ne rien dire

Je le connais, je le vis et j'y crois
Observe mes gestes, regarde mes yeux
Découvre mes peines
Découvre ce qu'on ressent
Ce qu'elle m'inspire et me vaut
Ta substance, tes sublimes, ta luminosité
Ta sympathie, ta douceur, ta morale, ton charisme…
J'assure mes peines, mes minutes chantent
Le temps nous affranchit
Te le dire en face, seule ma présence, peut tout dire
Les paroles, les textes peu importe, ce sont mes mots
Dans le cœur, c'est profond, c'est toi que mes mots aiment
Souvent ils ne disent rien, seuls nos yeux seules nos lèvres
Seules nos mains, seules nos épaules, pour tout dire
Prendre du temps, sortir du couloir, être en fin libre
Aspirer la vie, laisser les craintes, emprunter ton épaule
Alléger le cœur, purifier la pensée, construire l'amour
Grandir à deux, pousser comme champignon
Plus le temps passe, plus la peur s'installe
Ce que je tiens à l'esprit, peut s'éteindre devant mes yeux
Maintenant que je te connais, je peux croire
Je donne ma vie, je laisse mon cœur, c'est le sentiment
Je ressors le cœur brisé, fracturé et éclaté
C'est la pire souffrance morale
Des confidences, des providences, quelle magnificence

C'est un parfum d'hésitation
Quand il passe à l'esprit, tout commence
Coup de point au cœur, il est très violent
Quel accident ! Quel incident !

Je cris comme nouveau né, j'ai peur d'être traqué
Ta réponse nourrit mes espoirs et me maquis de bonheur
J'aimerais très bien retarder mes heures près de toi
Te regarder des heures, mieux te connaitre
Te regarder en face, et lire au fond de ton visage
Découvrir ce que je cherche, la réalité
Ce qui construit, ce qui conduit, ce qui rassemble
Ce qui prospère, ce qui repère, ce qui guide
Sur ton visage, je lis le vrai sens de l'amour
S'inviter, s'écouter, se raconter, se dire le cœur
Le sentiment est une envie violente comme un volcan
C'est un autre c'est du nouveau, peut être la plus sérieuse
Des fleuves éparpillés, je suis sur un tapis en rose
Je garde mon espoir, j'espère pouvoir être avec elle
Je ferme mes sentiments dans un couloir
Je garde mes envies, sans découragement
Le désespoir pourra marier mes couleurs
Même si je passe des nuages près de toi sans t'apercevoir
Je persévère et enfin habiter un cœur perplexe et complexe
Quand on est sincère, pas d'épine, que de fleurs.

LA VIE INSPIRE

Vivre c'est combattre a tète haute
Puis s'affranchir

Je ne vis pas de rancune
Je ne vis pas d'amertume
Je n'existe pas dans le mépris
Je ne vis pas de mes cicatrices
Ma vie est comme fleure en rose
Tout me parait "gai", tout parait tranquille
La vie EST belle, la vie est légère
On semble avoir tout oublié
Même les blessures les plus récentes
Même les plaies qui coulent encore du sang
Pas de caprice, pas te souci, rien ne nous transcende
Tout parait rose, tout semble blanc
C'est comme si rien ne pourra changer
La vie, on en profite, elle nous regarde en face
Avec ses belles épreuves
On se bat et s'abat, la vie nous sourit de ses belles couleurs
Des gens nous guident, des gens nous regardent
C'est le seul vrai mystère de la vie
Des gens nous tiennent par la main
Des gens nous nourrissent dans la bouche
Les jours Dorment, le soleil recule, les nuits règnent
C'est le crépuscule, c'est de l'atmosphère qui change
Des parents nous guident, des ainés nous bercent
Ils nous mettent sur des vrais chemins
Jour après jour, même dans les nuits, c'est un miracle
Un miracle quotidien, je parle d'un autre côté de la vie
Voici ce que je sais de la vie, la mienne, la tienne, la sienne Je
ne sais pas comment tu la vis
Mais pour moi, ma vie m'est propre
Je la regarde, je la vis, c'est mon château, j'y vis aussi tôt
Je ne parle pas des vies muettes, des vies silencieuses
Je ne parle pas des passées vides
Quand la vie reprend son souffle
Je parle surtout de ses plus beaux visages

On sourit, parfois on en donne, sans s'en apercevoir
Tout passe, et repasse
Je dis nettement, ce que m'inspire la vie
Ce qu'elle aspire, ce qu'elle enseigne, ce qu'elle suggère
Des émotions, des angoisses, qui lavent la cervelle
Des épreuves qui purifient nos pensées
C'est ma lumière, mes regrets et mes espérances
On reste, on se regarde, la main dans la main
Tout le monde debout ! La vie !
C'est la conscience, c'est la raison, c'est le cerveau
Si tu ne prends pas des grandes décisions
Sans doute, tu ignores ce que ça vaut
Parfois, la lucidité, des expériences très ultimes et intimes
C'est une bataille, un grand combat
Souvent, on croit détenir la vérité
On pourrait tout avoir, on aurait dû tout obtenir
Mais la vie, nous a beaucoup coûté.
L'unité, l'éducation- la santé
La paix paye souvent le prix
La suspicion et la pacque
La méfiance et les adversaires nous font face
La vie nous donne, la vie nous arrache
C'est un paradoxe, c'est le mystère
Nos proches s'en vont
Les angoisses diverses et les larmes s'installent
Nos cœurs se brisent quand on les accompagne
Quand on les voit partir
On se croit coupable, la vie s'en moque, la vie continue
On essuie les larmes, on murit le cœur rien n'est fini
L'innocence s'installe
Toi qui vis, toi qui marche, toi qui respire !
La vie t'appelle, la vie t'attend, allez debout !
Le progrès t'attend le futur existe
Prévoyons la vie, attention au pire !
Aucune chronique, les seuls miracles
Sont la foi, la conviction
Peu importe ton chemin
La vie est toujours blonde.
La vie est bien fidèle, attention à tes pas !

Printed by Books on Demand GmbH, Norderstedt / Germany